「通古察今」系列丛书

易学与中国古代史学

汪高鑫 著

河南人民出版社

图书在版编目(CIP)数据

易学与中国古代史学 / 汪高鑫著. —郑州：河南人民出版社，2019.12(2025.3 重印)
("通古察今"系列丛书)
ISBN 978-7-215-12006-8

Ⅰ. ①易… Ⅱ. ①汪… Ⅲ. ①《周易》-研究-②史学-研究-中国-古代 Ⅳ. ①B221.5②K092.2

中国版本图书馆 CIP 数据核字(2019)第 271322 号

河南人民出版社 出版发行
(地址：郑州市郑东新区祥盛街 27 号 邮政编码：450016 电话：0371-65788075)
新华书店经销　　　　　环球东方(北京)印务有限公司印刷
开本　787mm×1092mm　　　1/32　　　印张　6.5
字数　92 千
2019 年 12 月第 1 版　　　　　2025 年 3 月第 2 次印刷

定价：52.00 元

"通古察今"系列丛书编辑委员会

顾 问 刘家和 瞿林东 郑师渠 晁福林
主 任 杨共乐
副主任 李 帆
委 员（按姓氏拼音排序）

安 然 陈 涛 董立河 杜水生 郭家宏
侯树栋 黄国辉 姜海军 李 渊 刘林海
罗新慧 毛瑞方 宁 欣 庞冠群 吴 琼
张 皓 张建华 张 升 张 越 赵 贞
郑 林 周文玖

序 言

在北京师范大学的百余年发展历程中,历史学科始终占有重要地位。经过几代人的不懈努力,今天的北京师范大学历史学院业已成为史学研究的重要基地,是国家首批博士学位一级学科授予权单位,拥有国家重点学科、博士后流动站、教育部人文社会科学重点研究基地等一系列学术平台,综合实力居全国高校历史学科前列。目前被列入国家一流大学一流学科建设行列,正在向世界一流学科迈进。在教学方面,历史学院的课程改革、教材编纂、教书育人,都取得了显著的成绩,曾荣获国家教学改革成果一等奖。在科学研究方面,同样取得了令人瞩目的成就,在出版了由白寿彝教授任总主编、被学术界誉为"20世纪中国史学的压轴之作"的多卷本《中国通史》后,一批底蕴深厚、质量高超的学术论著相继问世,如八卷本《中国文化发展史》、二十卷本"中国古代社会和政治研究丛书"、三卷本《清代理学史》、五卷本《历史文化认同与中国统一多民族国家》、二十三卷本《陈垣全集》,

以及《历史视野下的中华民族精神》《中西古代历史、史学与理论比较研究》《上博简〈诗论〉研究》等,这些著作皆声誉卓著,在学界产生较大影响,得到同行普遍好评。

除上述著作外,历史学院的教师们潜心学术,以探索精神攻关,又陆续取得了众多具有原创性的成果,在历史学各分支学科的研究上连创佳绩,始终处在学科前沿。为了集中展示历史学院的这些探索性成果,我们组织编写了这套"通古察今"系列丛书。丛书所收著作多以问题为导向,集中解决古今中外历史上值得关注的重要学术问题,篇幅虽小,然问题意识明显,学术视野尤为开阔。希冀它的出版,在促进北京师范大学历史学科更好发展的同时,为学术界乃至全社会贡献一批真正立得住的学术佳作。

当然,作为探索性的系列丛书,不成熟乃至疏漏之处在所难免,还望学界同人不吝赐教。

北京师范大学历史学院
北京师范大学史学理论与史学史研究中心
北京师范大学"通古察今"系列丛书编辑委员会
2019年1月

目 录

前 言 \ 1

第一章 《周易》与中华民族精神 \ 4

一、自强不息与厚德载物精神 \ 4

二、易穷则变的革故鼎新精神 \ 13

三、居安思危的忧患意识 \ 21

第二章 《周易》与传统史学的历史思维 \ 28

一、《周易》的整体思维与传统史学的"究天人之际" \ 29

二、《周易》的通变思维与传统史学的"通古今之变" \ 34

三、《周易》的"一致百虑"思维与传统史学的"成一家之言" \ 38

四、《周易》的忧患思维与传统史学的以史为鉴 \ 42

第三章 《周易》与传统史学的通变精神 \ 47

一、《周易》通变思维的基本内涵 \ 48

二、《左传》与《史记》的通变精神 \ 54

三、《史记》之后传统史学的通变精神 \ 63

第四章 《汉书》的以易解史 \ 73

一、"一致百虑"与"通万方之略" \ 74

二、"易之别传"与神意史观 \ 81

三、天人一体与社会和谐 \ 88

四、忧患意识与史鉴理念 \ 96

第五章 《汉纪》的以易解史 \ 104

一、天命史观的易学哲理基础 \ 105

二、突破汉易的重人事思想 \ 116

三、"综往昭来,永监后昆"的易理依据 \ 127

第六章 司马光历史盛衰论的易学思维特征 \ 137

一、"天地万物皆有消息盈虚" \ 138

二、"君者所以治人而成天之功" \ 147

三、余论 \ 158

第七章　朱熹的历史观及其易学思维特征 \ 164

一、"《易》穷则变"的历史变易论 \ 164

二、"一治一乱又一治"的循环变易论 \ 170

三、三纲五常"定位不易"论 \ 177

附录　易学与历史思维的民族特性 \ 182
——读吴怀祺教授《易学与史学》

一、中国的史学与易学有着不解之缘 \ 183

二、易学对历史思维方式的具体影响 \ 188

参考书目 \ 192

前　言

《周易》是儒家"六经"之一,被班固《汉书·艺文志》推为"六经"之首。作为中华民族的元典,《周易》蕴含了非常丰富的中华民族精神,其所倡导的自强不息、厚德载物、革故鼎新、居安思危等精神,数千年来一直为中华民族的子孙后代所遵循、传承和发扬光大,形成中华民族的一种民族性格和民族精神,对中华民族的成长壮大及其民族特点的形成都产生了重要影响。《周易》又是一部具有丰富思维术的宝典,其所包括的思维方式"有形式逻辑思维,如演绎思维、类推思维、形式化思维;有辩证思维,如整体思维、变易思维、阴阳互补思维、和谐思维与均衡思维;有直观思维,如模拟思维,功能思维;有形象思维,如意象合一、象数合一等。其中最为突出的是观察世界的辩证思维。"[1]《周易》用以观察世界的辩证思维,对于提高中国古代史学家与思想家观察历史、认识历史的能力具有非常重要的影响,"中国人的理论思维水平,在同西方的哲学接触以前,主要是通过对《周易》的研究,得到锻炼和提高的。"[2] 也正因此,从先秦的史官到秦汉以后的历代大史学家,他们大多都是通晓《周易》的,《周易》成为他们进行历史研究、构建历史思想的思维方式与哲理基础。

从历史上易学与史学的相互影响来看,总体上可以概括为"三种模式":以史证易、以易说史和以易解史。其中以史证易属于易学范围内的事,是以历史事实来解说易理的;以易说史则主要是从文献学的角度来考察《周易》与史学的关系;真正能说明易学与史学之相互关联、相互影响的,是以易解史,即是以易学的思维方式认识人类历史,洞察古今兴衰,评论行事得失。在中国史学史上,这样一种以易解史的方式有非常丰富的具体体现:《周易》天人合一的整体思维,启发了古代史家"究天人之际",重视将天与人作为一

---

[1] 朱伯崑:《易学哲学史》第一卷,《前言》,华夏出版社1995年版。
[2] 朱伯崑:《易学哲学史》第一卷,《前言》,华夏出版社1995年版。

个整体来进行考察,探讨天人之间的关系;《周易》的通变思维,启发了古代史家"通古今之变",以通变的眼光来考察历史的治乱兴衰;《周易》的"一致百虑"思维,启发了古代史家立志成就史家之"一家言";《周易》的忧患意识思维,启发了古代史家重视历史借鉴的思想,由此形成一种史鉴精神。以汉宋史学发展为例,汉代史家司马迁、班固和荀悦等人,普遍重视以易解史;宋代司马光以易学作为哲理基础来考察历史的治乱兴衰,朱熹依据"《易》穷则变"的易理,来探讨历史的变易与不易问题。他们的历史观,都明显带有易学思维的特征。

第一章 《周易》与中华民族精神

每当人们思索与追寻中华民族精神时,总是很自然地想到《周易》这部中华民族元典。正是《周易》经传所倡导的自强不息、厚德载物、革故鼎新、居安思危等精神,数千年来一直为中华民族的子孙后代所遵循、传承和发扬光大,形成中华民族的一种民族性格和民族精神,对中华民族的成长壮大及其民族特点的形成都产生了重要影响。换言之,只有通过透视《周易》,我们才能找寻到中华民族精神之根。

一、自强不息与厚德载物精神

关于中华民族精神,人们有种种不同的理解与表述。现代著名哲学家张岱年认为,"《周易大传》的两句话'自强不息''厚德载物'是民族精神的集中表述"。其中"自强不息的哲学基础是重视人格的'以人为本'的思想。厚德载物的哲学基础是重视整体的'以和为贵'的理论"[1]。张岱年这个表述,抓住了中华民族精神的本质与核心。

所谓自强不息的精神,就是一种积极进取、永不休止的处世态度。人生在世,为何要选择这样一种处世态度呢?对此,《乾·象》的解释是:"天行健,君子以自强不息。"在《易传》的作者看来,正是由于大自然的刚健有为和运行不息,才有了万物的日新月异和朝气蓬勃。因此,作为君子,应该要仿效大自然,秉持一种刚健有为、自强不息的人生态度和生命精神,从而使自己有限的生命之花绽放得更加精彩璀璨,使自己有限的人生过得更加充实和有意义。这是人生价值与生命意义的重要启示。

《易传》作为战国时期成书的儒家经典,其刚健有为、自强不息思想的理论渊源无疑是出自孔子。孔子的人生观是乐观向上、积极进取的,他一生好古敏求,

---

[1] 张岱年:《炎黄传说与民族精神》,载王俊义、黄爱平编《炎黄文化与民族精神》,中国人民大学出版社1993年版。

学而不厌,以至于"终日不食,终夜不寝"[1],"发愤忘食,乐以忘忧,不知老之将至"[2];他为了施展自己的政治抱负,期望救百姓于苦难之中,不辞劳苦,周游列国,游说诸侯,"知其不可而为之"[3]。同时,《易传》对这一精神做了发扬光大。一方面,《易传》强调君子应当"终日乾乾",永不懈怠。《易经·乾》说:"君子终日乾乾,夕惕若,厉无咎。"对此《乾·文言》解释说:"九三重刚而不中,上不在天,下不在田,故乾乾因其时而惕,虽危无咎矣。"这就是说,尽管君子处在"上不在天,下不在田"的险境,只要能够时时勤勉警惕,就不会有祸害发生。《大畜·象》则说:"刚健笃实,辉光日新其德。"这是教人要自强不息,不断地修行进德。《屯·象》则认为:"云雷,屯。君子以经纶。"把这种《屯》难之世,当作君子大有作为之时。而《困·象》更是提出了"君子以致命遂志"的主张,认为君子为了实现崇高的志向与理想,应该百折不挠,甚至舍弃自己的生命也在所不惜。另一方面,《易传》

---

[1]《论语·卫灵公》,诸子集成本,中华书局1954年版。
[2]《论语·述而》,诸子集成本,中华书局1954年版。
[3]《论语·宪问》,诸子集成本,中华书局1954年版。

又主张君子应该"乐则行之,忧则违之""独立不惧,遁世无闷"。《易传》认为君子刚健有为,不只是能顺势而为以成就功名和事业,而且应该在时运不济甚至蒙难遭祸之时,也能够心存其志、"独立不惧"。《易经·乾》说"潜龙勿用",《乾·文言》则借用孔子之语解释说:"龙德而隐者也。不易乎世,不成乎名,遁世无闷,不见是而无闷。乐则行之,忧则违之,确乎其不可拔,潜龙也。"这就是说,当时机还不成熟时,君子应该心存其志,对符合自己志向的事就去做,不符合的就坚决拒绝。《大过·象》则说:"君子以独立不惧,遁世无闷。"高亨解释说:"君子逢此祸变,则守节不屈,隐居不仕。"[1]

《易传》提倡"君子以自强不息",从哲学层面而言,它是对人生价值与生命意义的终极关怀与肯定,体现了一种重视人格的"以人为本"的思想。首先,《易传》宣扬"生生之谓易"的重生思想。《系辞上》说:"富有之谓大业,日新之谓盛德,生生之谓易。"又说:"夫乾,其静也专,其动也直,是以大生焉。夫坤,其静

---

[1] 高亨:《周易大传今注》,齐鲁书社1979年版,第268页。

也翕，其动也辟，是以广生焉。"《系辞下》也说："天地之大德曰生。"《易传》这里所描绘的生生不息、生意盎然的景象，当然是指宇宙万物，但是这种对生之盛大德性的歌颂，绝不仅仅只是以自然界为其对象的，它毫无疑问也包括了人的生命于其中的。《系辞下》所反映的从包牺氏以来的中华文明的不断创制与生生不息，不正是对这种"生"的意义所具有的人文性的很好的注脚吗？其次，《易传》以能成为"与天地合其德"的"大人"为人生最高的境界和生命价值所在。《周易》在天人观上主张天人合一。《系辞下》说："《易》之为书也，广大悉备。有天道焉，有人道焉，有地道焉。兼三材而两之，故六。六者非有本为"他"也，三材之道也。"这便是《周易》的"三才之道"说，它不但将人作为天地万物的重要组成部分来看待，而且认为人在天地之间居于中心的地位。《易传》不但希望君子能够仿效天的刚健有为、自强不息，而且认为还应该要顶天立地，成为"与天地合其德，与日月合其明，与四时合其序"[1]的真正的"大人"。

---

[1]《周易·乾卦·文言》，《十三经注疏》本，中华书局1980年版。

第一章 《周易》与中华民族精神

《易传》认为,大自然的运行,有时呈现出的是积极向上、生机勃勃的景象,它蕴含着一种顽强的生命力;有时呈现出的却是柔顺恬静、博大厚重的品格,表现出一种博大宽容的气度。因此,人们既要效法天道的刚健有为、自强不息,也应效法地道的博大宽容、厚德载物,所以《坤·象》说:"地势坤,君子以厚德载物",肯定厚德载物是一种君子的品格。对于《易传》的人法地道以厚德载物的思想,高亨解释说:"地顺承天道,其势是顺于天,其体厚,能载万物。君子观此卦象,从而取法于地,即以厚德育人。"[1] 张岱年也说:"'厚德载物'则是一种博大宽容的精神。老子宣扬以柔胜刚,《易传》则以'厚德载物'与'自强不息'并列对举,从而将刚与柔统一起来,'厚德载物'含有'宽柔以教'的意味。厚德载物,即待人接物,要具有宽容、宽柔的态度。"[2]

《易传》所谓"君子以厚德载物",它是要求人们具有宽阔的胸襟,宽容大度地对待人、事与自然,因

---

[1] 高亨:《周易大传今注》,齐鲁书社1979年版,第78页。

[2] 张岱年:《炎黄传说与民族精神》,载王俊义、黄爱平编《炎黄文化与民族精神》,中国人民大学出版社1993年版。

而它的哲学基础就是一种重视整体的"以和为贵"的思想。其一，厚德载物的本质属性是博大、谦和与包容，而"和"的观念所体现的就是事物多样性的统一与和谐共处。在此，我们需要注意区分"和"与"同"、"和"与"流"、"和"与"中"、"和"与"合"之间的关系。"和"不是"同"，和谐不等于完全的一致，"君子和而不同"[1]，"和"是事物多样性的统一；"和"不等于"流"，和谐不是无原则的、一味地调和、讨好，"君子和而不流"[2]；"和"即是"中"，春秋思想家晏婴主张通过"济其不及，以泄其过"的方法来达到"中和"[3]的目的；"和"是"合"的另一种表达形式，"物必有合"，"合"是强调事物乃对立面的统一与融合，和合交感是万物生成变化的根源。其二，厚德载物所体现的"和"的思想，强调的是一种整体的和谐。《乾·彖》说："乾道变化，各正性命，保合太和，乃利贞。首出庶物，万国咸宁。"这里所谓"太和"，是指天地万物和谐共处的一种最高境界。以这样一种"太和"的理念来治理国家、处理国

---

[1]《论语·子路》，诸子集成本，中华书局1954年版。
[2]《中庸》，载朱熹《四书章句集注》，中华书局1983年版。
[3]《左传·昭公二十年》，中华书局1981年版。

第一章 《周易》与中华民族精神

与国之间的关系,就一定能够做到"万国咸宁",也就是《尚书·尧典》所谓"协和万邦"、儒家所谓"平天下"的理想境界。汤一介将这种天人万物的和谐称作"普遍和谐",认为它包括了自然的和谐、人与自然的和谐、人与人的和谐和人自我身心内外的和谐于其中。[1]

《易传》提出的自强不息与厚德载物的思想,既是对中华民族先民生产、生活经验的理论总结,更在此后数千年中华民族发展历史过程中演化成为一种民族的重要精神。在中华民族五千多年文明发展史上,《周易》倡导的"自强不息"的精神,影响着一代又一代中华民族的优秀儿女,涌现出了无数这样的刚健有为、自强不息的仁人志士,他们为着中华民族的富强与中华文明的传承做出了卓越的贡献,鲁迅先生称赞他们为"中国的脊梁"[2]。中华民族的文明史告诉我们,我们的民族之所以能够创造出光辉灿烂的古代文明,离不开这样一种自强不息的精神;同样,当中华民族历经挫折与磨难时,却依然能够历经磨难而信念弥坚,饱

---

[1] 汤一介:《略论儒学的现代意义》,载中国孔子基金会编《儒学与二十一世纪》,华夏出版社1996年版。

[2] 鲁迅:《鲁迅杂文精编》下,漓江出版社1998年版,第416页。

尝艰辛而斗志更强，表现出一种顽强的生命力，依靠的仍然是这样一种自强不息的精神。当然，自强不息是东西文化共同具有的一种精神，相对来说具有一定的普遍性，而"'厚德载物'的宽容而爱好和平的精神，却是中国文化所独有的特点"[1]。五千多年的文明史已经充分说明，中华民族是一个具有宽容精神、崇尚"以和为贵"的民族，如在文化观念上，作为中华民族的主体民族，汉民族文化虽然长期处于最先进的地位，却总能积极吸纳域内外各种不同的文化，化胡为华，为中华文化注入新鲜的血液，永葆中华文化的长盛不衰；在古代民族关系上，历代皇朝总体来说都比较重视推行"和抚四夷"的民族友好政策，唐贞观年间的民族友好关系更是堪称为典范；在古代对外关系上，重视推行"协和万邦"的对外友好政策，使节往来频繁，唐都长安一度出现了万邦来朝的盛况；在人际关系上，则通过"礼"的规范作用，来达到人与人之间的和谐相处。中华文明数千年一系，与中华民族这种久远的、受到高度重视的厚德载物的宽容而爱好和平

---

[1] 张岱年：《炎黄传说与民族精神》，载王俊义、黄爱平编《炎黄文化与民族精神》，中国人民大学出版社1993年版。

二、易穷则变的革故鼎新精神

如果说《周易》倡导的自强不息与厚德载物精神是中华民族精神的集中表述，反映了中华民族精神的本质与核心，那么《周易》提出的易穷则变的革故鼎新精神则是中华民族精神的重要表述，体现了中华民族重视变革与创新的精神。

所谓易穷则变，其中心观念就是"变"。《周易》简称《易》，"易"的基本含义就是"变易"，所以《易经》又称《变经》。《周易》的变易特点同时也体现在具体内容当中，正如《系辞下》所说："《易》之为书也不可远，为道也屡迁，变动不居，周流六虚，上下无常，刚柔相易，不可为典要，唯变所适。"对于《周易》的变易思想与变易思维特点，前贤也多有认识。史学家司马迁就说："《易》著天地阴阳四时五行，故长于变。"[1]经学家孔颖达也说："夫《易》者，变化之总名，改换

---

[1] 《史记》卷一百三十，《太史公自序》，中华书局1959年版。

之殊称。"[1]史学家章学诚特别推崇孔颖达对于"易"的见解,认为"先儒之释《易》义,未有明通若孔氏者也"[2]。

《周易》"易穷则变"的基本思想,首先是肯定变易的普遍性。这种变易的普遍性表现在空间上,即是认为宇宙万物总是处在变化当中,它"变动不居,周流六虚",充满着一种变动的气息;表现在时间上,则是认为宇宙万物的变动是永无休止、没有穷尽的,所以《序卦》说:"物不可穷也,故受之以《未济》终焉。"其次是强调通变意识。《系辞下》说:"易穷则变,变则通,通则久。"这是《周易》关于通变思想的典型表述,而其理论依据就是神农以来的通变史实:"神农氏没,黄帝、尧、舜氏作,通其变,使民不倦,神而化之,使民宜之。"[3]这里所谓"通变",也就是一种没有穷尽的变易,《系辞上》说:"是故阖户谓之坤,辟户谓之乾。一阖一辟谓之变,往来不穷谓之通。"这就是

---

[1] 孔颖达:《周易正义·序》,《十三经注疏》本,中华书局1980年版。
[2] 章学诚:《文史通义》卷一,《易教中》,叶瑛校注本,中华书局1994年版。
[3] 《周易·系辞下》,《十三经注疏》本,中华书局1980年版。

说，所谓"变"，就是大自然的盈虚消息；而这种盈虚消息之变的"往来无穷"，就是"通"。最后指出变易的"物极必反"规律性。《周易》的作者认为，万物之变是坤与乾的"一阖一辟"，也就是阴阳之变；而这种阴阳之变的前提条件则是"易穷"，所谓"易穷则变"，也就是阴至而阳、阳极生阴。所以《易经·泰·九三》说："无平不陂，无往不复。"《丰·彖》说："日中则昃，月盈则食。天地盈虚，与时消息，而况于人乎，况于鬼神乎？"《序卦》说："物不可以终通,故受之于《否》""物不可以终剥，穷上反下，故受之于《复》""物不可以终遁，故受之于《大壮》""物不可以终难，故受之于《解》""物不可以终动，止之，故受之于《艮》""物不可以终止，故受之于《渐》"。当然，这种事物变易的"物极必反"性，只是事物变易的一种总体趋势和规律，却不是一蹴而就的，它往往有一个从渐变到突变的过程，所以《坤·文言》说："臣弑其君，子弑其父，非一朝一夕之故，其所由来者渐矣，由辩之不早辩也。"

易道效法自然，《周易》正是从这种易穷则变的变易思维出发，而提出了革故鼎新的重要思想。换言之，

《周易》易穷则变的思想,是其宣扬的革故鼎新精神的哲学基础。

所谓"革故鼎新","革"与"鼎"乃为《易经》中的两个卦名,《杂卦》对此的解释是:"《革》,去故也。《鼎》,取新也。"就是要革除旧弊,开拓创新。《易经》以"革"与"鼎"为卦名,其中的寓意已是昭然若揭。

首先,《周易》以史为证,肯定了革故鼎新的重要意义。《革·彖》说:"文明以说,大亨以正。革而当,其悔乃亡。天地革而四时成。汤武革命,顺乎天而应乎人。革之时,大矣哉!"这就是说,光明正大而欣悦怡然,伟大亨通而居中守正,变革得当而悔恨消亡,天地变革而四时成就。商汤、周武王起兵推翻暴君夏桀、商纣的统治,这种革命的行为是上顺天理、下应民意的正义之举。因此,把握革命的时机是何等的重要啊!如果说《革·彖》这段话强调了"革故"的重要性,那么《系辞下》中的一段话则集中论述了"鼎新"的重要性:

> 古者包牺氏之王天下也,仰则观象于天,俯则观法于地,观鸟兽之文与地之宜,近取诸身,

远取诸物,于是始作八卦,以通神明之德,以类万物之情。作结绳而为网罟,以佃以渔,盖取诸《离》。包牺氏没,神农氏作,斫木为耜,揉木为耒,耒耨之利,以教天下,盖取诸《益》。日中为市,致天下之民,聚天下之货,交易而退,各得其所,盖取诸《噬嗑》。神农氏没,黄帝、尧、舜氏作,通其变,使民不倦,神而化之,使民宜之。《易》穷则变,变则通,通则久。是以"自天佑之,吉无不利"。黄帝、尧、舜垂衣裳而天下治,盖取诸《乾》《坤》。刳木为舟,剡木为楫,舟楫之利,以济不通,致远以利天下,盖取诸《涣》。服牛乘马,引重致远,以利天下,盖取诸《随》。重门击柝,以待暴客,盖取诸《豫》。断木为杵,掘地为臼,臼杵之利,万民以济,盖取诸《小过》。弦木为弧,剡木为矢,弧矢之利,以威天下,盖取诸《睽》。上古穴居而野处,后世圣人易之以宫室,上栋下宇,以待风雨,盖取诸《大壮》。古之葬者,厚衣之以薪,葬之中野,不封不树,丧期无数。后世圣人易之以棺椁,盖取诸《大过》。上古结绳而治,后世圣人易之以书契,百官以治,万民以察,盖取诸《夬》。

这里《易传》以包牺氏以来古代圣人的不断文明创制为例，充分说明了鼎新创制对于治理天下与推动社会历史发展的重要作用。

其次，《周易》认为革故鼎新必须要"察时变"，做到"与时偕行""待时而动"。在《周易》的作者看来，天地万物是应运而生、应时变动的，这种运动变化自有其内在的规律性。因此，作为君子，就应该要"观乎天文，以察时变"[1]，即要通过观察日月星辰之天象的变化，来考察时节的变化规律。而所谓"革"，则是"君子以治历明时"[2]，即认为君子需依据革之象来掌握四时规律以改革历法，诚如《程氏易传》所说："君子观变革之象，推日月星辰之迁移，以治历数、明四时之序也。"当然，"察时变"不仅仅只是能"治历明时"，广而言之，它是要告诉人们重视观察事物变化时机、掌握事物变化规律的道理。人们只有把握了事物变化的时机，才能够"与时偕行""待时而动"，发

---

[1] 《周易·贲卦·彖辞》，《十三经注疏》本，中华书局1980年版。
[2] 《周易·革卦·象辞》，《十三经注疏》本，中华书局1980年版。

挥主观能动性，最终实现革故鼎新的目的。所以《乾·文言》说："'终日乾乾'，与时偕行""与四时合其序"；《遯·彖》也说："'遯，亨'，遯而亨也。刚当位而应，与时行也。"《系辞下》则说："君子藏器于身，待时而动，何不利之有？"因此，当事物变化的时机尚未成熟之时，就不能盲动；反之，当事物发展到必变之时，也就是所谓"物极"之时，又必须要变革。所以《艮·彖》说："艮，止也。时止则止，时行则行，动静不失其时，其道光明。"也就是说，当变则变，当止则止，一切以事物的发展情形而定。

《周易》所提倡的易穷则变的革故鼎新精神，也就是一种创新求变的精神，这是中华民族的重要精神之一。创新求变精神之内在逻辑关系是变易—革故—鼎新，从肯定客观事物具有易穷则变的变易特性，到强调认识主体革故鼎新以除弊创新的主观能动作用，这是《周易》的思维方式，也是《周易》倡导的一种精神。毫无疑问，《周易》的创新求变，是一种重视剔除不利于民族国家发展的因素、追求民族国家不断进步的精神，这是中华民族与中华文化历久不衰、或衰而复振的重要原因。一个民族如果固步自封，失去创新求变与批判的精神，那么这个民族也就失去了发展动力，最终只能是自我毁灭。中华民族自古以来就是一个重视创新求变的民族，《周易》的"易穷则变"与"革故鼎新"，《大学》的"苟日新，日日新，又日新"，便是关于不断创新求变的中华民族精神的最为精练的表述。中国古代的这种创新求变思想，其涵盖的范围非常广泛，小到具体的技术革新，大到制度变革、甚至政权革代。如《周易》宣扬的"汤武革命"的思想，对于后世政治思想与政权更替都产生了非常大的影响。至于历朝的政治变革，那更是平常之事，大凡每一个朝代都或多或少地进行过程度不同的变革。此外像历史上的思想、文化、风俗习惯、生产工具等等的变革与创新，也都一直持续不断。到了近代，中华民族落伍了，在被外国枪炮惊醒之后，一批批先进的中国人为了救亡图存，不断地推动并尝试着进行新的社会政治思想等诸多变革与创新，谋求民族新的出路。而在中国共产党领导的新民主主义革命和社会主义建设实践中，正是由于我们党把发展和创新作为推进马克思主义中国化的关键，才相继创立了毛泽东思想、邓小平理论和"三个代表"的重要思想。毫无疑问，没有创新求变的中华民族传统或精神,也就没有中华民族繁荣富强的今天。

三、居安思危的忧患意识

《周易》倡导的居安思危的忧患意识,是中华民族最具特色的一种人文精神。这种悲悯情怀与忧患情结,深深植根于一种高度的社会历史和民族国家的责任感与使命感。

《周易》通篇都贯穿着一种忧患意识。《系辞下》在谈到《易经》的作者、成书年代与撰述旨趣时作如是说:

> 《易》之兴也,其于中古乎?作《易》者,其有忧患乎?
>
> 《易》之兴也,其当殷之末世,周之盛德邪?当文王与纣之事邪?是故其辞危。危者使平,易者使倾。其道甚大,百物不废。惧以终始,其要无咎。此之谓《易》之道也。

在《易传》的作者看来，《易经》的作者具有一种忧患意识。《易经》所反映的是商、周之际政治盛衰转换的那段历史，由于商纣王的残暴统治，导致国家动荡不安、百姓民不聊生，所以《易经》的文辞充满着惊惧自危的色彩，饱含着一种忧患的意识。《易传》认为，只有具有危机忧患的意识，才能带来平安；而贪图安逸、心生懈怠，就必然会有倾覆的危险，这是万物具有的普遍法则。因此，始终具有一种危机忧患意识，目的就是为了避免出现危险，这是《易经》的法则，当然也就是《易经》为何"辞危"的原因所在。

《易传》对于《易经》具有忧患意识的理解，集中见诸它对《易经·否》九五爻辞"其亡！其亡！系于苞桑"一语的体悟，经文原意是说：快要灭亡了！快要灭亡了！国家的命运就如同系在嫩弱的苞草、桑枝上，随时都有坠地的危险。从这样一种强烈的忧患意识出发，《系辞下》借用孔子的话，详细阐述了关于居安思危的重要思想：

> 危者，安其位者也；亡者，保其存者也；乱者，有其治者也。是故君子安而不忘危，存而不忘亡，

第一章 《周易》与中华民族精神

治而不忘乱,是以身安而国家可保也。

在《易传》的作者看来,能否居安思危,直接决定着个人权位、国家存亡与社会安定。因此,君子要时刻惊惧提醒自己,如同《震·象》所说的,"君子以恐惧修省"。《程氏易传》解释说:"君子畏天之威,则修正其身,思省其过,咎而改之,不唯雷震,凡遇惊惧之事,皆当如是。"《易传》明确认为,《易》之为书,"其出入以度外内,使之惧,又明于忧患与故"[1]。这就是说,《易经》是通过爻画的对应变化来考察本卦与变卦的相互联系,以此确定吉凶而使人有所惊惧,使人明于忧患和变故的。

对于《易经》忧患意识产生的原因,后世持文王演《易》说者往往归于周文王个人的忧患情结;而文王何以有忧患情结,则又被归于拘于羑里之故。对于这一说法,思想家王夫之提出了不同的看法。他明确认为将《易经》的忧患意识归因于文王拘羑里是很不妥当的,认为"死生荣辱,君子之所弗患,而况圣人乎?"[2]

---
[1] 《周易·系辞下》,《十三经注疏》本,中华书局1980年版。
[2] 王夫之:《周易内传》卷六上,《系辞下》,九州出版社2004年版。

他认为文王之所以演《易》而有忧患之辞,是因为"文王欲吊伐,则恐失君臣之大义;欲服侍,则忧民之毒痛。以健顺行乎时位者难,故忧之"[1]。也就是说,文王是处在伐商与事商两难之中才心生忧患的,因为如果伐商,则有违君臣之义;而如果事商,则又等于助纣为虐以祸害百姓。文王正是在这样一种忧患意识下作成《易经》,目的是要以此"明得失存亡之理,危辞以示警戒"[2]。如果说《易经》的忧患意识乃因文王被拘羑里的传统说法失之于偏,那么王夫之所谓文王处于伐商或者事商两难之境的因果说法也失之于小。我们应该从易道的高度来把握《易》之忧患意识,从商周更替与周初巩固统治的历史大背景去看待《易》之忧患意识。迄今为止,关于《易经》的作者是谁还存在着争议,不过多数学者认为其书非一时一人之作,大致成于西周初年。从商周更替这一时代背景去考察《易》的忧患意识,我们不难看出,它其实是反映了"小邦周"在取代商朝之后如何巩固周人的统治所具有的一种普遍的忧患意识和恐惧心理,因为商朝的败亡"殷鉴不

---

[1] 王夫之:《周易内传》卷六上,《系辞下》,九州出版社2004年版。
[2] 王夫之:《周易内传》卷六上,《系辞下》,九州出版社2004年版。

第一章 《周易》与中华民族精神

远",周人因此而感到恐惧忧心,而成书于这一时期的《易经》,正是对西周初年周人这种普遍社会心理的一种真实写照。因此,《易经》的忧患绝不仅仅只是文王个人之忧,乃是周初社会的一种普遍之忧,其中既有周初君臣对于能否巩固统治之忧,也有普通百姓对于能否安居乐业之忧,是一种关系到国家、民族前途的大忧。成书于战国时期的《易传》不但对于《易经》表现出来的这种忧患意识有着深刻的体悟,而且还从易道的高度强调了"惧以终始"、居安思危的重要性,从而很好地发展了《易经》的这种忧患意识。

《周易》作为儒家经典,其忧患意识与孔孟是一致的。《易经》以"其亡!其亡!系于苞桑"警示后人,《易传》则要人们"安而不忘危""恐惧修省""惧以终始"。而身当乱世的孔子,则表现出一种强烈的"君子忧道"[1]的情节;孟子更是将这种忧患意识总结为"生于忧患,死于安乐"[2]。《周易》和以孔孟为代表的儒家学派所表现出来的这种忧患意识,对于中华民族性格特征的形成与民族精神的塑造无疑是有着重要影响

---

[1]《论语·卫灵公》,诸子集成本,中华书局1954年版。
[2]《孟子·告子下》,诸子集成本,中华书局1954年版。

的。正是在这种思想意识的长期熏陶下,使得这种忧患意识遂积淀成为中华民族的一种普遍精神。范仲淹《岳阳楼记》的"先天下之忧而忧,后天下之乐而乐",顾炎武的"天下兴亡,匹夫有责"[1],龚自珍的"以良史之忧忧天下"[2],等等,都充分体现了中华民族先贤的这种忧患精神,和对历史与民族国家的责任感。近代中国遭受百年屈辱,救亡图存成为时代主题,而其思想基础无疑就是这种植根于中华民族土壤之中的忧患意识,所以才有《盛世危言·自强论》发出的"《易》曰:'其亡!其亡!系于苞桑。'我国民其何以自处矣"这样强烈的忧患之叹。中国共产党人继承了发轫于《周易》的中国传统忧患意识,总是时刻不忘居安思危的古训。早在新民主主义革命胜利前夕,毛泽东同志在党在七届二中全会上就一再向全党敲响警钟,谆谆告诫全党同志"中国的革命是伟大的,但革命之后的路程更长,工作更伟大,更艰苦。这一点现在就必须向

---

[1] 顾炎武:《日知录》卷十三,《正始》,载《顾炎武全集》18册,上海古籍出版社2011年版。
[2] 龚自珍:《乙丙之际箸议第九》,载《龚自珍全集》,上海古籍出版社1999年版。

党内讲明白,务必使同志们继续地保持谦虚、谨慎、不骄、不躁的作风,务必使同志们继续地保持艰苦奋斗的作风"。在全面建设社会主义现代化的今天,中国共产党人依然重视保持这种忧患意识。中共十八大以来,为实现中华民族复兴的千秋大业,着眼百年大党的使命担当,习近平总书记反复强调必须要增强忧患意识,防范风险挑战,阐述"忧劳可以兴国,逸豫可以亡身"的历史规律,向全党提出居安思危、防患于未然的要求。在新的历史时期,我们只有居安思危,增强忧患意识,不忘初心,坚持立党为公、执政为民,加强党的先进性建设,提高党的执政能力,只有这样,才能妥善应对各种挑战,牢牢把握战略机遇,努力实现中华民族的伟大复兴。

第二章 《周易》与传统史学的历史思维

作为中华民族的宝典,《周易》的思维术非常丰富,包含有形式逻辑思维、辩证思维、直观思维和形象思维等等。千百年来,《周易》的思维术不但影响了中国经学的发展,而且也影响了中国传统史学的发展,中国传统史学的历史思维是与《周易》的思维术密不可分的。诚如朱伯崑先生所言:"中国人的理论思维水平,在同西方的哲学接触以前,主要是通过对《周易》的研究,得到锻炼和提高的。"[1] 本章试对《周易》的思维术之于传统史学历史思维的具体影响作出论述。

---

[1] 朱伯崑:《易学哲学史》第一卷,《前言》,华夏出版社1995年版。

第二章　《周易》与传统史学的历史思维

一、《周易》的整体思维与传统史学的"究天人之际"

所谓整体思维，就是天人一体的思维。中国古代这种整体思维方法，最早产生于《周易》。《易传》认为伏羲最初作八卦，便是基于一种天人一体的理念。《系辞下》说："古者包羲氏之王天下也，仰则观象于天，俯则观法于地，观鸟兽之文与地之宜，近取诸身，远取诸物，于是始作八卦，以通神明之德，以类万物之情。"这就是说，八卦的作成，是伏羲仰观俯察天地自然变化的结果，是将天人作为一体进行思考的产物。《易传》还从《周易》卦画的构成，论说了这种天人一体的整体思维观念。《说卦》说："昔者圣人之作《易》也，将以顺性命之理。是以立天之道曰阴与阳，立地之道曰柔与刚，立人之道曰仁与义。兼三才而两之，故《易》六画而成卦。分阴分阳，迭用刚柔，故《易》六位而成章。"在这段《周易》卦画构成论中，它将天、地、人纳入一卦六爻的体系之中，非常清楚地体现了天、地、人三才统一的整体观念。从《周易》的内容来看，不但六十四卦、各卦与六十四卦，以及每卦的上、中、下卦，它们各自都构成一个相互联系、相互影响的整体，而且《周易》的经、传两大部分也都展示出一种整体思维结构。在《周易》天人一体的整体思维中，分而言之有天道、人道，或天、地、人之道，合而言之则为阴阳之道，天人万物构成一个阴阳相互作用的体系，它们既有刚柔之分，又有阴阳之合；而这种阴阳相互作用的最佳状态便是"太和"，这是一种天人和谐的理想境界。

《周易》的整体思维启发了传统史学的"究天人之际"，"这给中国史学带来两重影响：一是史官把天与人联系起来解说社会现象。史官把自然现象和人事相附会，从而变成了一个天人相关理论。二是史官从四时、天象的往复变动中得到启迪，悟出社会人事也在变"[1]。司马迁便是最早倡导"究天人之际"思想的史学家。众所周知，在司马迁的家学中，有三种重要知识，即易学、天文学和黄老道学。易学的天人整体思维会

---

[1] 吴怀祺：《中国史学思想通论·总论卷》，福建人民出版社2011年版，第197~198页。

第二章 《周易》与传统史学的历史思维

对司马迁产生影响,而天文学则为他的"究天人之际"提供了知识与智慧。《史记》以"究天人之际"作为撰述宗旨之一,即是要在思想方法上将天人作为一个整体纳入他的历史撰述范围之中,作为他的历史叙述对象或范围。在《太史公自序》中,司马迁对《史记》的"十二本纪""十表""八书""三十世家"和"七十列传"的撰述旨趣有一个详细说明,从中可以清晰地看到司马迁是以天人理路来构建史书的编纂体系的。如"八书"的写作,是要"天人之际,承敝通变";而"三十世家"的设计,也是从"二十八宿环北辰,三十辐共一毂,运行无穷"的天象变化中得到启发的。从思想内容而言,《史记》的重人事思想很突出,它创立纪传体体裁,突出了以人为中心的历史撰述方法;重视叙述历史发展大势,肯定人为因素对于历史发展之"势"的影响;大胆质问天道、怀疑天道,等等。同时,《史记》也受时代天人思潮的影响,在一定程度上宣扬了"圣人无父""圣王同祖"等天命王权思想。

司马迁以后,历代史家都沿袭了这一思维方法。班固《汉书》述汉德,也不为汉讳,本着实录的精神认真总结西汉历史与人事。同时受时代天人感应理论的影响，大言灾异；在论及西汉皇权由来时，宣称"汉承尧运，德祚已盛，断蛇著符，旗帜上赤，协于火德，自然之应，得天统矣"[1]，从天命角度作出解说。荀悦作《汉纪》，公然宣称要使"天人之际，事物之宜，粲然显著，罔不能备矣"[2]。在天命与人事的关系上，认为"大数之极虽不变，然人事之变者亦众矣"[3]。这就是说，虽然天命之大数不能变，但人们也不是任由天命所摆布，人事是存在着很多变数的，即肯定人为的作用。然而，出于维护刘汉正统的需要，《汉纪》又大力宣扬汉绍尧运、永得天统的神意史观。司马光作《资治通鉴》，以易道的阴阳变化之理来解说人类历史的变化。司马光认为，易道的变化就是阴阳之变，"易者，阴阳之变也"[4]。而这种阴阳之变，存在于天地人之间，"阴阳之相生，昼夜之相承，善恶之相倾，治乱之相仍，得失之相乖，吉凶之相反，皆天人自然之理也"[5]。

---

[1]《汉书》卷一，《高帝纪下》，中华书局1962年版。

[2] 荀悦:《汉纪》卷一，《高帝纪》，载《两汉纪》上，中华书局2002年版。

[3] 荀悦:《汉纪》卷六，《高后纪》，载《两汉纪》上，中华书局2002年版。

[4] 司马光:《温公易说》卷二，上海古籍出版社1987年版。

[5] 司马光:《温公易说》卷六，上海古籍出版社1987年版。

第二章 《周易》与传统史学的历史思维

司马光正是以易道阴阳变化为哲理基础,由此推导出人类社会历史变化的必然性。郑樵的天人相关理论一反传统史学将天象与人事相附会的灾祥说,斥其为"欺天之学",则是从另一方面表达了自己的天人观。同时,郑樵倡导实学,重视记述天文、地理、车舆、器服、草木、虫鱼和鸟兽等,于是乎自然与社会,亦即天人皆成为其历史记述的对象,从而扩展了历史记述的范围。王夫之则认为历史的发展蕴含着一种必然之"理"和必然之"势",是"理"与"势"统一的结果。这里所谓"理者,物之固然,事之所以然"[1],即指事物运动的必然法则;所谓"势者,皆顺而不逆之谓也"[2],是指事物发展的一种不可逆性。很显然,这是从哲学的高度来谈天人关系问题。同时,王夫之也肯定人为作用,他特别强调君主知人善任和风教兴废对与历史盛衰的重要作用。总之,重视从天人角度去思考历史,评述历史,已经形成中国传统史学历史思维的一个重要传统。

---

[1] 王夫之:《张子正蒙注》卷五,《至当》,中华书局1975年版。
[2] 王夫之:《读四书大全说》卷九,《孟子·离娄上》,中华书局1975年版。

二、《周易》的通变思维与传统史学的"通古今之变"

"通变"是《周易》的中心观念,《系辞下》将这一思维集中表述为"《易》穷则变,变则通,通则久"。《周易》的通变思维,首先是强调"变"。司马迁说:"《易》著天地阴阳四时五行,故长于变。"[1]《易纬·乾凿度》说,《易》一名而含三义:易简、变易、不易。这里所谓"变易",指阴阳相互依存和相互变化;"不易",指阴阳变化中的地位与位置不变;"易简",指无论阴阳变化如何曲折,皆不过是"一阴一阳之谓道"。章学诚《文史通义·易教下》引孔颖达语曰:"夫《易》者,变化之总名,改换之殊称。"其次是肯定自然与社会的周流变通。从自然而言,"阖户谓之坤,辟户谓之乾。一阖一辟谓之变,往来不穷谓之通"[2]。而这种自然的盈虚消长又是与社会的变化相通的,《贲》卦彖辞说:"观乎天文,以察时变;观乎人文,以化成天下。"《丰》

---

[1] 《史记》卷一百三十,《太史公自序》,中华书局1959年版。
[2] 《周易·系辞下》,《十三经注疏》本,中华书局1980年版。

第二章 《周易》与传统史学的历史思维

卦象辞说:"日中则昃,月盈则食,天地虚盈,与时消息,而况于人乎,况于鬼神乎?"《革》卦象辞也说:"天地革而四时成,汤武革命顺乎天而应乎人。"最后是肯定古代历史的不断发展变化。《系辞下》对远古社会进化的过程有一个详尽的描述,从中可知,自伏羲以来远古时代的历史发展,它是经历了一个从原始渔猎业到原始农业、商业,从"垂衣裳而天下治"到"重门击柝,以待暴客",从穴居野处到宫室的发明,从厚衣野葬到棺椁树封,从结绳而治到文字的产生,一言以蔽之,即是从野蛮到文明、从低级到高级的不断进化或发展的过程。而促成这种进化或发展的根本原因不是别的,正是古代圣贤们的"通其变"。当然,"通其变"绝不是圣贤们的随心所欲,而是以"使民不倦""使民宜之"为其原则的。

《周易》的通变思维启发了传统史学的"通古今之变",司马迁则是最早重视通变的史学家,"通古今之变"是《史记》撰述的又一旨趣。纵观司马迁的"通古今之变"思想,首先表现在创立了纪传体通史体裁,用通变的眼光来看待历史发展过程。《史记》是我国第一部纪传体通史,它将上起黄帝下至汉武帝上下三千年的历史作为一个不断变易的历史过程,来认识和把握其中的治乱兴衰之变。其次是用"原始察终,见盛观衰"的方法来探寻古今之变。一方面,古今之变是终始之变,需要通过追溯其原始,察究其终结,以把握历史变化过程以及变化的各种因果关系;另一方面,古今之变是盛衰之变,故要重视考察历史的盛衰之变以及这种盛衰变化的相互转换,要从盛世中看出衰的因子。最后是继承"《易》穷则变"的思想,提出"承敝易变"的历史变革论。《史记》重视对变革历史的记载,肯定变革对于历史发展变化的重要作用,因而也充分肯定历史上的改革家。

司马迁以后的传统史学,继承了这种通变思维。班固的《汉书》虽然是断汉为史,却能断而不断,断中有通。《汉书》的四种体例都具有贯通意识,其中的"志""表"体现最为突出。诚如《汉书·叙传》所言,它是要"综其行事,旁贯《五经》,上下洽通"的,因此博洽和贯通是《汉书》的撰述原则之一。杜佑《通典》是我国第一部典章制度体通史,其统括史志,融会贯通,旨在对历代典章制度的沿革过程与兴废得失作出评述,为传统史学的"通古今之变"开辟了一个新局

第二章 《周易》与传统史学的历史思维

面。司马光《资治通鉴》是一部编年体通史,代表了编年体史书撰述的最高成就。司马光之所以要用编年体通史体裁撰述历史,是要解决帝王"周览"历史的困难,希望通过"专取关国家兴衰,系生民休戚",选择对治理国家最关切的历史进行撰述,以使帝王从中领悟古今盛衰之变的道理。郑樵《通志》的撰述旨趣是"会通",《通志·总序》开宗明义:"百川异趋,必会于海,然后九州无浸淫之患;万国殊途,必通诸夏,然后八荒无壅滞之忧:会通之义大矣哉!"郑樵所谓"会",是指对各种史料进行综合,这是从横的方面或空间范围说的;所谓"通",则是指史书记载应该时代相续、联结,这是从纵的方面或时间长度说的。因此,会通就是要求历史记载要尽可能地汇总各种史料,连缀各时代史事,以期"极古今之变"。章学诚也提倡通史撰述,《文史通义》的《释通》篇对通史撰述的优点和长处进行了理论分析,认为有"六便""二长",这六便是:"一曰免重复,二曰均类例,三曰便铨配,四曰平是非,五曰去抵牾,六曰详邻事。"而二长则是:"一曰具剪裁,二曰立家法。"由上可知,传统史学"通古今之变"的实践与思想都是非常丰富的。

三、《周易》的"一致百虑"思维与传统史学的"成一家之言"

《周易》的"一致百虑"思维原文出自《系辞下》，其曰："《易》曰：'憧憧往来，朋从尔思。'子曰：'天下何思何虑？天下同归而殊途，一致而百虑。'"是孔子在解释咸卦九四爻爻辞"憧憧往来，朋从尔思"时所作的发挥和阐释。意思是说，目的虽然相同，却有各种考虑。孔颖达随文疏曰："一致而百虑者，所致虽一，虑必有百。言虑虽百种，必归于一致也。"朱熹则解释说："'天下何思何虑'一句，便是先打破那个'思'字，却说'同归殊途，一致百虑'。"[1] 司马谈《论六家要旨》开篇即说："《易大传》：'天下一致而百虑，同归而殊途。'夫阴阳、儒、墨、名、法、道德，此务为治者也，直所从言之异路，有省不省耳。"[2] 也是借用了《易传》的"一致百虑"思维来肯定先秦诸子的学术价值。

---

[1] 黎靖德编：《朱子语类》卷七十六，岳麓书社1997年版。
[2] 《史记》卷一百三十，《太史公自序》，中华书局1959年版。

第二章 《周易》与传统史学的历史思维

《周易》的"一致百虑"思维启发了传统史学的"成一家之言",而史学成"家",自司马迁始。在《报任安书》和《太史公自序》中,司马迁两次谈到"成一家之言"问题。从思想渊源来讲,司马迁的"成一家之言"无疑是受到了《周易》"一致百虑"思维的启发。首先,司马谈《论六家要旨》引《易传》"天下一致而百虑,同归而殊途",来评论先秦诸子学术思想的价值,"恐怕应该说是司马谈要吸收各家之长,而成一家之言的企图,至少可以说是潜意识的企图"[1]。既然司马谈想"成一家之言"的企图源自《易传》"一致百虑"思维的启发,那么,深受家学影响的司马迁,其"成一家之言"的思想渊源当然也是与其父相一致的。诚如吴怀祺先生所言,"对诸子学的总结既是司马迁的家学,又成为他一家之言的基础"[2]。其次,司马迁"成一家之言"的思想内涵与《易传》的"一致百虑"思维是相一致的。所谓"一致百虑",就如同朱熹所说的,是要打破一个"思"字,通过各种不同的思虑,同归于一个思想目的。

---

[1] 白寿彝:《中国史学史论集》,中华书局1999年版,第104页。
[2] 吴怀祺:《中国史学思想通论·历史思维卷》,福建人民出版社2011年版,第361页。

司马迁正是在融会先秦各家学术的思想基础上，而形成他史家的"一家言"：首创纪传体通史体裁记述黄帝以来的三千年历史，这是综合先秦史学而在史书编纂体裁上"成一家之言"；以"厥协六经异传，整齐百家杂语"来汇通学术，这是综合先秦诸子在学术思想方法上"成一家之言"；通过"究天人之际，通古今之变"来"稽其成败兴坏之理"[1]，这是通过历史研究而在学术思想目的上"成一家之言"。司马迁正是通过自己这些独自的思虑，来总结历史盛衰之理这个"一致"的；而这些独自的思虑——"一家言"，又是通过汇通各家学术而得以实现的。

司马迁以后的中国传统史学，都普遍重视"成一家之言"。班固一方面在史书体裁上对司马迁创立的纪传体进行整齐划一，改通史为断代；一方面在史学思想上以神意化的儒学为统帅。《汉书》正是因其编纂成就与正宗思想而成为封建正统史学的代表的。袁宏作《后汉纪》，以玄学家的眼光评述学术大势，得出"道

---

[1]《汉书》卷六十二，《司马迁传》，中华书局1962年版。

明其本，儒言其用"[1]的结论，由此其历史撰述明显呈现出援玄入史、玄儒合一的思想特点。杜佑《通典》"一家言"的表现形式，一是在史书体裁上通过统括史志、融会贯通，创立典志体通史体裁；二是在编纂方法上分门起例，重视议论；三则在史学思想上重视"理道"，以"征诸人事，将施有政"为旨趣。郑樵《通志》从编纂形式到史学思想，都重视发凡起例、别识心裁。章学诚《文史通义》专辟《申郑》一篇，对其"成一家之言"思想与实践给予高度评价："郑樵生千载而后，慨然有见于古人著述之源，而知作者之旨，不徒以词采为文，考据为学也……而独取三千年来遗文故册，运以别识心裁，盖承通史家风，而自为经纬，成一家言者也"。黄宗羲主张学术应该通过融会贯通而成"自得之学"。《明儒学案·凡例》对"倚门傍户，依样葫芦"的学风提出批评，认为学术研究哪怕是"一偏之见"，或者"相反之论"，只要是自己的心得，便是真学术、真学问，"学者于其不同处，正宜着眼理会，所谓一本而万殊也"。章学诚作为史学理论家，也倡导学术

---

[1] 袁宏：《后汉纪》卷十二，"袁宏曰"，载《两汉纪》下，中华书局2002年版。

要"独断一心"。他说:"所以通古今之变,而成一家之言者,必有详人之所略,异人之所同,重人之所轻,而忽人之所谨,绳墨之所不可得而拘,类例之所不可得而泥,而后微茫杪忽之际,有以独断于一心。"[1] 很显然,这里所谓"自得之学""独断一心",皆是"成一家之言"之意,是传统史学一以贯之的思想。

四、《周易》的忧患思维与传统史学的以史为鉴

《周易》通篇都贯穿着一种忧患意识。《系辞下》在谈到《易经》的作者、成书年代与撰述旨趣时作如是说:"《易》之兴也,其于中古乎?作《易》者,其有忧患乎?"又说:"《易》之兴也,其当殷之末世,周之盛德邪?当文王与纣之事邪?是故其辞危。危者使平,易者使倾。其道甚大,百物不废。惧以终始,其要无咎。此之谓《易》之道也。"在《易传》的作者看来,《易经》所反映的是商、周之际政治盛衰转换的那段历史,由于商纣王的残暴统治,导致国家动荡不安、百姓民

---

[1] 章学诚:《文史通义》卷五,《答客问上》,叶瑛校注本,中华书局1994年版。

第二章 《周易》与传统史学的历史思维

不聊生,所以其文辞充满着惊惧自危的色彩,饱含着一种忧患的意识。同时认为只有具有危机忧患的意识,才能带来平安;而贪图安逸、心生懈怠,就必然会有倾覆的危险,这是万物具有的普遍法则,也是《易经》为何"辞危"的原因所在。《系辞下》明确认为,《易》之为书,"其出入以度外内,使之惧,又明于忧患与故"。这就是说,《易经》是通过爻画的对应变化来考察本卦与变卦的相互联系,以此确定吉凶而使人有所惊惧,使人明于忧患和变故的。《易传》对于《易经》忧患意识的理解,集中见诸对《否卦》九五爻辞"其亡!其亡!系于苞桑"一语的体悟。经文原意是说:快要灭亡了!快要灭亡了!国家的命运就如同系在嫩弱的苞草、桑枝上,随时都有坠地的危险。从这样一种强烈的忧患意识出发,《系辞下》借用孔子的话,详细阐述了关于居安思危的重要思想:"危者,安其位者也;亡者,保其存者也;乱者,有其治者也。是故君子安而不忘危,存而不忘亡,治而不忘乱,是以身安而国家可保也。"

《周易》的忧患意识,是中华民族最具特色的一种人文精神。这种悲悯情怀与忧患情结,深深植根于一种高度的社会历史和民族国家的责任感与使命感。而传统史学的经世致用特点，使得《周易》的这种忧患意识转变为一种浓郁的历史借鉴思想。与《周易》大致同时代的《尚书》（其中的"周书"19篇大部分是西周作品），是一部亦经亦史的著作。由于同样有感于商周易鼎的巨变，《尚书》饱含着历史借鉴思想。《召诰》篇说："我不可不鉴于有夏，亦不可不鉴于有殷。"之所以要强调以夏、商为鉴，是因为夏、商相继因为丧德而失天下。周初统治者从这样一种忧患意识出发，希望从夏、商的灭亡中汲取教训，由此构建了一套尊天、敬德、保民的统治理论，从而开创了周朝八百年基业。西汉初年，面对中国历史上第一个大一统的封建皇朝秦朝的速兴速亡，以陆贾、贾谊为代表的一批思想家和史学家，以秦为鉴，认真思考"过秦"这一时代主题，通过总结亡秦的历史教训，阐发自己对于历史治乱兴衰的认识，从而掀起了一股"过秦"的史学思潮。陆贾的"逆取而以顺守之"[1]和贾谊的"攻守之势异也"[2]之论，表明他们对于秦之"过"的认识是

---

[1]《史记》卷九十七，《郦生陆贾列传》，中华书局1959年版。
[2] 分见《史记》卷六《秦始皇本纪》、卷四十八《陈涉世家》。

第二章 《周易》与传统史学的历史思维

非常一致的。初唐统治者重视以史为鉴，尤其表现在以隋为鉴上。据史书记载，唐太宗常痛"炀帝骄暴而亡"，而谓侍臣"常宜为朕思炀帝之亡"[1]。魏徵也曾上奏太宗，希望对隋唐易鼎的历史进行研究，以"能鉴彼所以亡，念我所以得"[2]。正是这种忧患意识，使重视历史借鉴的史学得到了初唐统治者的高度重视，也由此促进了初唐史学的发展，一连修成8部纪传体正史。

传统史学的以史为鉴思想虽然突出表现在新朝初建时期，这显然是现实政治对于史学的一种需要，人们希望从历史的经验和教训当中找寻到政权巩固之术。同时这种思想又是一贯到底的，它普遍存在于历代史学家的思想中。司马迁在谈论古今之间的关系时，认为"居今之世，志古之道，所以自镜也"[3]。即是要将"古"作为"今"的一面镜子。班固明确认为历史撰述"究其终始强弱之变，明监戒焉"[4]。荀悦提出"三鉴"

---

[1] 司马光：《资治通鉴》卷一九四，《唐纪十》，中华书局1956年版。
[2] 《新唐书》卷九十七，《魏徵传》，中华书局1975年版。
[3] 《史记》卷十八，《高祖功臣侯者年表序》，中华书局1959年版。
[4] 《汉书》卷十四，《诸侯王表序》，中华书局1962年版。

说:"君子有三鉴,世人镜鉴。前惟顺(训),人惟贤,镜惟明。夏商之衰,不鉴于禹汤也。周秦之弊,不鉴于民下也。侧弁垢颜,不鉴于明镜也。故君子惟鉴之务。"[1] 刘勰则说:"原夫载籍之作,必贯乎百氏,被之千载,表征盛衰,殷鉴兴废。"[2] 常璩在《华阳国志·序志》中也指出,撰述历史旨在使"天人之际,存亡之术,可以为永鉴矣"。司马光作《资治通鉴》,更是标榜为了政治治理而通鉴历史,《进资治通鉴表》明确以"鉴前世之兴衰,考当今之得失"为该书的撰述旨趣。如此等等,不一而论。

---

[1] 荀悦:《申鉴》卷四,上海古籍出版社 1990 年版。
[2] 刘勰:《文心雕龙·史传》,中华书局 1962 年版。

第三章 《周易》与传统史学的通变精神

中国古代史学在不断发展的过程中,逐渐形成了独具特色的民族精神风貌;重视通变,则是其中一种重要精神。从理论渊源来讲,这种通变精神主要源自《周易》,《周易》的通变思维是中国古代史学通变思想的哲理基础,深深地影响了历代史家的"通古今之变"意识。纵观中国古代的史学发展史,自司马迁正式提出"通古今之变"的撰述旨趣以后,历代史家都普遍重视以《周易》的通变思维来认识历史、解说历史和评论史学,由此形成一种民族的史学精神。

一、《周易》通变思维的基本内涵

中国古代史学通变思想的哲理基础,是儒家经典《周易》的通变思维。《周易》的通变思维,贯穿于经传各篇之中,内容非常丰富。首先是强调"变",这是《周易》的中心观念。《易经》卦爻象普遍体现出变的特点,《系辞下》关于卦爻象的变化作如是说:"八卦成列,象在其中矣。因而重之,爻在其中矣。刚柔相推,变在其中矣。系辞焉而命之,动在其中矣。吉凶悔吝者,生乎动者也。"这就清楚地说明,卦爻的本质特征即是变,"爻者,言乎变者也"[1],"爻也者,效天下之动者也"[2],卦象的变化取决于爻象的变动。卦爻象变化的内在根因,则是阴阳二爻的相互推移,所谓"刚柔相推,变在其中矣"。而所谓相推,则不仅只是阴阳二爻相互推移,也指上下往复之消长,《系辞上》说:"刚柔相摩,八卦相荡。鼓之以雷霆,润之以风雨。日月运行,一寒一暑。"所以司马迁说:"《易》著天地

---

[1] 《周易·系辞上》,《十三经注疏》本,中华书局1980年版。
[2] 《周易·系辞下》,《十三经注疏》本,中华书局1980年版。

第三章 《周易》与传统史学的通变精神

阴阳四时五行,故长于变。"[1]孔颖达也说:"夫《易》者,变化之总名,改换之殊称。"[2]

其次,肯定变易的法则乃为盈虚消长。象辞认为,乾卦六爻即是一个从初爻到上爻的变化发展过程。以人生相对照,初爻"潜龙勿用",乃隐居未仕,所谓"阳在下";二爻"见龙在田",乃入仕为官,开始施展才德,所谓"德施普";三爻"终日乾乾",努力事业,不离中道,所谓"反复道";四爻"或跃在渊",事业继续进步,所谓"进无咎";五爻"飞龙在天",地位高贵,事业大有作为,所谓"大人造";上爻"亢龙有悔",事业到达顶点,开始走向反面,所谓"盈不可久"。《周易正义》以象辞解释上爻爻辞说:"上居天位,久而亢极,物极则反,故有悔也。"很显然,《周易》揭示了事物发展所存在的一种普遍法则:盈虚消长,或者说物极必反。所以《丰》卦彖辞说:"日中则昃,月盈则食,天地虚盈,与时消息",也是要表述这样一种事物发展的规律。正因此,《文言》解释上爻爻辞说:"亢之为言也,知进而不知退,知存而不知亡,知得而不

---

[1] 《史记》卷一百三十,《太史公自序》,中华书局1959年版。
[2] 孔颖达:《周易正义·序》,《十三经注疏》本,中华书局1980年版。

知丧，其唯圣人乎？知进退存亡而不失其正者，其惟圣人乎！"在《文言》作者看来，只有懂得事物进退、存亡两面特性，从而持守中道的人，才可称作为圣人。

再次，提出了"变通"的变易价值论。在《易传》作者看来，事物发展到尽头就需要加以改变，从而使事物的发展因此畅通起来，经过变通之后的事物才能够发展得久远。《系辞下》将这一思想概括为"《易》穷则变，变则通，通则久"。这便是《周易》变通思想的最为经典的三阶段说。《周易》的变通思想非常丰富，其一是关于"变通"的含义。《系辞下》说："是故阖户谓之坤，辟户谓之乾，一阖一辟谓之变，往来不穷谓之通。"这里是以乾坤两卦的性能来解释变与通的，所谓"一阖一辟谓之变"，是指筮法上的二爻互变，亦即事物上的开合互易；所谓"往来不穷谓之通"，则是指对立面的相互推移，循环反复，便是通顺。《系辞上》也说："化而裁之谓之变，推而行之谓之通。"所谓"化而裁之"，指阴阳二爻的互变；所谓"推而行之"，指爻象顺畅地上下推移。其二是关于"变通"的作用。《系辞上》说："圣人立象以尽意，设卦以尽情伪，系辞焉以尽其言，变而通之以尽利，鼓之舞之以尽神。"这就

第三章 《周易》与传统史学的通变精神

是说,爻象的变化有变有通,爻象的变通在于显示事物的变化趋势,而目的则是要指导人们趋利避害。《易传》认为,变通之义非常广大,故而《系辞上》说:"广大配天地,变通配四时,阴阳之义配日月,易简之善配至德。""法象莫大乎天地,变通莫大乎四时,悬象著明莫大乎日月,崇高莫大乎富贵。"人们"通其变,遂成天地之文;极其数,遂定天下之象"。

《周易》的通变思维不仅是对自然界的一种认识,更是用来解说社会人事与历史的,因而也是一种历史思维。在《易传》看来,人类社会的历史与自然界一样,都是处在不断变动中的。《贲》卦彖辞说:"关乎天文,以察四时;观乎人文,以化成天下。"《恒》卦彖辞说:"日月得天而能久照,四时变化而能久成,圣人久于其道而天下化成。"《革》卦彖辞说:"天地革而四时成,汤武革命,顺乎天而应乎人。"《丰》卦彖辞说:"日中则昃,月盈则食,天地盈虚,与时消息,而况于人乎,况于鬼神乎?"这些说法,都是将天与人、自然与社会作为一个整体来看待的,说明变易的普遍存在性。《易传》认为,圣人只有懂得通变的道理,才能成就自己的事业,所谓"举而措之天下之民谓之事业"。《系辞下》认为,远古时代的历史经历了一个从"作结绳而为网罟,以佃以渔"的原始社会逐步发展到"百官以治,万民以察"的文明社会的过程,肯定人类社会历史发展的内在动因在于古圣贤君王的"通其变",所谓包牺氏取于《离》,神农氏取于《益》,黄帝、尧、舜取于《乾》《坤》……都是按照"使民不倦""使民宜之"的原则进行的变通。在作者看来,远古社会的进化史,即是一部圣王的创制史、通变史,在这种不断创制、不断变通,从而"使民宜之"的过程中,人类社会的历史得以不断向前发展。

《周易》的通变思维对于中国古代史学的影响很大,成为其通变精神的主要思想源泉。《周易》与史学的关系,可谓源远流长。先秦时期的史官,与《周易》的撰述、保存与流传有着密不可分的关系。《周易》本来就是卜筮之书,而卜筮却又是先秦史官职掌所在。如《左传》定公四年载:"祝宗卜史,备物典策,官司彝器。"像这样将史与祝、卜相提并论的历史记载,在先秦文献中屡见不鲜,说明他们在职能上有相同的一面。由此推论,在《周易》的产生过程中,史官们一定是其中的重要撰述者。史官不但写《易》、知《易》,

而且还是《周易》的保存者。据《左传》记载,鲁庄公二十二年,"周史有以《周易》见陈侯者,陈侯使筮之";又鲁昭公二年,晋国韩宣子到鲁国,"观书于大史氏,见《易象》与《鲁春秋》",如此等等。

当然,《周易》对于古代史学的影响,主要还在于其历史思维上。吴怀祺先生认为,《周易》与史学的关系基本上有三种:一是以史证易,二是以易解史,三是"把《周易》作为社会史的影子,或作为史料"。[1]其中以史证易属于易学范围,史料价值也只是局限于商周史的研究,《周易》之于史学的最大价值,在于以易解史,即是运用《周易》的历史思维来指导史学研究,表达对历史的理解,评述史学的发展。《周易》的历史思维非常丰富,诸如"《易》与天地准"的"究天人之际"的整体思维、"《易》穷则变,变则通,通则久"的通变思维、"神无方而《易》无体"的创新思维、"天下同归而殊途,一致而百虑"的思维,等等,这些都对古代史学思想产生了深远的影响。其中的通变思维不但是《周易》的核心思维,也是对古代史学思想影响最

---

[1] 吴怀祺:《易学与史学》,中国书店2004年版,第5页。

大的历史思维方式。道理很简单,历史的本质特征就是变化与发展,而《周易》的通变思维正是揭示了历史的本质特征,故而成为历代史家认识历史、解说历史的重要思维术。中国古代史学的"通古今之变"思想,便是在《周易》的通变思维的启示之下产生和发展的,并且形成一种传统和民族史学的特点。

二、《左传》与《史记》的通变精神

受《周易》通变思维的影响,首先在史学领域提出"通古今之变"的,无疑是西汉史家司马迁。然而在先秦的史学中,就已经开始运用《周易》的通变思维来解说历史的变动,《左传》便是其中的代表。通观《左传》全书,其关于历史发展的看法,明显体现了一种通变的精神;而这种通变精神的思想,则往往来之于《周易》。《左传》以易解史,以《易》的通变思维作为解说历史的重要依据,最为经典的例子,便是昭公三十二年记载史墨关于历史变动的议论,其文曰:

> 赵简子问于史墨曰:"季氏出其君,而民服焉,

诸侯与之，君死于外，而莫之或罪，何也。"对曰："物生有两，有三，有五，有陪贰。故天有三辰，地有五行，体有左右，各有妃耦。王有公，诸侯有卿，皆有贰也。天生季氏，以贰鲁侯，为日久矣。民之服焉，不亦宜乎？鲁君世从其失，季氏世修其勤，民忘君矣。虽死于外，其谁矜之？社稷无常奉，君臣无常位，自古以然。故《诗》曰：'高岸为谷，深谷为陵。'三后之姓，于今为庶，主所知也。

这段话说的是春秋时期的鲁国鲁君失政，政在季氏的情况，其实也普遍反映了这一时期礼崩乐坏、政权下移的历史大变动趋势。值得注意的是，对于这样的君臣易位，史墨却能够以通变的观点来看待，肯定既然自然界可以"高岸为谷，深谷为陵"，那么人类社会"社稷无常奉，君臣无常位"也属正常现象，而"三后之姓，于今为庶"便是一种历史的事实。紧接着，史墨以《易·大壮》卦象为例，来说明君臣易位的正当性。他说："在《易》卦，雷乘《乾》曰《大壮》，天之道也。"这里乾代表君，雷（震）代表臣，震在乾上，君臣易位，说明大夫势力强大。《大壮》彖辞也说："大壮，大者壮也，刚以动，故壮。'大壮利贞'，大者正也，正大，而天地之情可见矣。"史墨即是以此为依据，肯定现实中君臣易位这种政治力量的变化是符合《大壮》卦的精神，因而是"天地之情"或"天之道"，亦即是天经地义的。很显然，史墨是借用了《易》的变通思想来对鲁国政局变化作了解说，肯定了这种变化的合理性。

在中国古代史学发展史上，最早从编纂旨趣到编纂体裁都体现出通变精神的当属司马迁。司马迁撰述《史记》，以"通古今之变"为撰述旨趣，首创纪传体通史体裁，记述上起黄帝下至汉武帝上下三千年的历史，用通变的眼光来认识和把握历史过程的治乱兴衰之变。司马迁的历史通变思想明显受到《周易》的影响。众所周知，司马谈"受《易》于杨何"，《史记》提出"正《易传》"，因此，易学乃司马迁家学，是司马迁学术的重要旨趣，诚如吴怀祺先生所说："易学是司马迁家学渊源之一，也是他的史学基石的组成部分。"[1]

---

[1] 吴怀祺：《易学与中国史学》，《南开学报》1997年第6期。

第三章 《周易》与传统史学的通变精神

司马迁精通易学，故而能深刻领会《周易》"长于变"的特点。《史记》通篇贯穿的通变思想，即是以历史学的形式彰显了《周易》的通变思维。

纵观司马迁史学的通变精神，主要表现在如下几个方面：其一，"原始察终"。语出《太史公自序》，顾名思义，即是要对历史追溯其原始，察究其终结。《史记》的这一思想主要源自《周易》，《系辞下》说："《易》之为书也，原始要终，以为质也""惧以终始，其要无咎，此之谓《易》之道也。"《史记》的原始察终思想，在本纪、世家、列传、书和表五种体例中都有明显体现。如《十二本纪》，通过对黄帝以来至西汉前期历史发展大势的记述，集中表述了一种德力转换的过程。其中《五帝本纪》和夏、商、周三个本纪主要叙述的是先王德政，《秦本纪》《秦始皇本纪》和《项羽本纪》则主要表述了诸侯霸政，而刘邦以下汉朝诸帝本纪又集中表述了汉皇朝无为而治的盛德政治。如《十表》，它比较明确地将历史划分为上古、近古和今世三个阶段和五帝三王、东周、战国、秦汉之际、汉兴以来五个时期。其中《三代世表》表述的是五帝三王如何积善累德而得天下的历史，《十二诸侯年表》表述的是王权衰微、诸侯更替称霸的历史,《六国年表》表述的是"陪臣秉政,强国相王"的历史,《秦楚之际月表》表述的是秦汉之际从陈胜作难到项氏灭秦再到刘邦建汉"五年之间,天下三嬗"的剧烈变革的历史,汉兴以来六表表述的是"诸侯废立分削"、海内混为一统的历史。诚如《高祖功臣侯者年表》和《惠景间侯者年表》的序文所言,《十表》的撰述旨趣是要"谨其终始""咸表终始"。如《八书》,反映的是历代制度演进情况,虽因残缺不全而难窥全貌,但从《平准书》所谓"一质一文,终始之变也"和《天官书》所谓"终始古今,深观时变,察其精粗,则天官备矣"的撰述旨趣来看,其原始察终的思想也是非常明显的。至于《三十世家》和《七十列传》,则主要叙述了各类历史人物在历史演进过程中所起的作用。

其二,"见盛观衰"。语出《太史公自序》,包含两层含义,其一是肯定历史变易是一种盛衰之变,其二是强调事物的盛衰是相互包含的,要注意察觉盛世历史向衰败转变的可能性。先秦"六经"《周易》《尚书》和《诗经》等,都有非常丰富的历史盛衰观。《周易》将"天地虚盈""物极必反"看作是事物发展与存在的

第三章 《周易》与传统史学的通变精神

普遍规律，反映在人类社会历史当中，便体现为一种盛衰之变；《尚书》重视探讨夏商历史的兴衰之变，旨在以史为鉴，而使周朝能"受天永命"；《诗经》所谓"殷鉴不远，在夏后氏之后"，体现的也是一种关注历史盛衰的忧患意识。司马迁的历史盛衰观主要来自于《周易》等"六经"经典，他叙述三千年历史的目的，就是要"稽其成败兴坏之理"[1]。如《十二本纪》的撰述主旨即是要考察王迹的兴衰，合观《五帝本纪》和夏、商、周三王《本纪》，其实表述的就是上古圣王盛德政治的兴衰过程；将《秦本纪》与《秦始皇本纪》合在一起，我们便很容易看出秦由割据一方的诸侯到一统天下再到二世而亡的由弱小到强盛再到灭亡的全过程。《十二诸侯年表》集中概述了各诸侯势力此消彼长、更替称霸的全过程。当然，历史盛衰之变有时是很复杂的，如《殷本纪》所记商王朝的历史，就是一个衰、兴、复衰、复兴的错综复杂的历史发展过程。同样，从春秋到战国的历史发展也是一个错综复杂的兴衰变易过程，这其中既有早期周王室的不断衰败和诸侯国势力

---

[1] 《汉书》卷六十二，《司马迁传》，中华书局1962年版。

的迅速崛起的盛衰之变，又有稍后各诸侯国势力此消彼长的盛衰之变。同时，历史的盛衰之变又是相互包含的，盛中有衰，衰中有盛。如《平准书》描述了汉武帝即位之初国家富庶的情况之后，明确指出盛世之下潜藏着的衰败因子："当此之时，罔疏而民富，役财骄溢，或至并兼豪党之徒，以武断于乡曲。宗室有土公卿大夫以下，争于奢侈，室庐舆服僭于上，无限度。物盛而衰，固其变也。"当然，导致汉武帝统治危机的，还有"自是以后"的招来东瓯、开凿西南夷，特别是绝和亲之后的汉匈长期战争等等，正是这些劳民伤财之举最终导致了武帝统治后期的严重危机，由此应验了"物盛而衰"道理。在《太史公自序》中，司马迁借用《周易·坤文言》的话说："故曰：'臣弑君，子弑父，非一旦一夕之故也，其渐久矣。'"这其实是反映了事物盛衰之变的一种普遍的道理。

其三，"承敝通变"。语出《太史公自序》。受《易传》《易》穷则变"思想的影响，司马迁提出了"承敝通变"的历史变革论。首先，司马迁肯定进行历史变易的必要性。司马迁认为，《易》有穷尽的时候，要想使事物的发展得以持续，就必须要变易；同样的道理，人类

第三章 《周易》与传统史学的通变精神

社会历史的发展,也一定会出现制度上的种种弊端,要想使政权得以统治下去,就必须要更张制度,改革弊政。《史记》的《八书》是关于制度史的撰述,《太史公自序》明确提出其撰述旨趣即是要"承敝通变"。《史记》还以秦汉变革历史为例,说明"承敝易变"的道理。司马迁说:"周秦之间,可谓文敝矣。秦政不改,反酷刑法,岂不缪乎?故汉兴,承敝易变,使人不倦,得天统矣。"[1]认为秦皇朝继周而建,却没有针对周朝制度的种种弊端进行变易,相反,却实行严刑酷法,这是导致秦朝迅速败亡的原因所在;汉皇朝继秦而建,却能够一反秦的严刑酷法,而实行与民休息的治国政策,从而使政权得到了稳定,这是"承敝易变"的结果。《史记》重视关于变革时期历史的记述,历史编纂具有"详变略渐"的特点。同时,《史记》也重视记述变革家们的事迹,如《平准书论赞》称赞"汤武承敝易变,使民不倦",《商君列传》肯定商鞅之法"行之十年,秦民大悦",《管晏列传》肯定管仲变革而"富国强兵",如此等等。其次,司马迁肯定革命的正当性。《易传》

---

[1]《史记》卷八,《高祖本纪》,中华书局1959年版。

认为，经过变易之后事物的发展依然无法畅通，就必须要进行革命。《革》卦彖辞就说："其志不相得，曰革……天地革而四时成，汤武革命，顺乎天而应乎人。革之时大矣哉！"司马迁继承了《易传》的革命思想，最为典型的例子莫过于列陈胜入《世家》。《太史公自序》说："桀、纣失其道而汤、武作，周失其道而《春秋》作。秦失其政，而陈涉发迹。"将陈胜首义与汤武革命和孔子作《春秋》相提并论。在司马迁看来，秦皇朝的统治已是天怒人怨，只有通过革命的手段，才能使封建统治柳暗花明又一村。而暴虐的秦皇朝最终被得以推翻，陈胜是有首义之功的。

应该说司马迁史学通变思想的理论来源不仅仅是《周易》，也包括其他儒家六经经典，以及阴阳家的五德终始说和董仲舒的三统说等等，然而作为哲理基础者当属《周易》的通变思维。而司马迁在史学领域首倡"通古今之变"之后，通变思想便成为此后中国古代史学的一种普遍的思想，形成一种民族史学的传统和精神。

三、《史记》之后传统史学的通变精神

《史记》以后的中国古代史学,无论是通史、断代史,还是史论之作,都普遍继承了司马迁史学的通变精神,以《周易》的通变思维作为哲理基础,在历史撰述与评论中重视体现通变的精神。

班固所作《汉书》,是中国古代正统史学的代表,历代正史的范本。从经学角度来讲,班固属于古文经学学者,《汉书·艺文志》首次将《周易》提升为"六经"之首,认为其他"五经""盖五常之道,相须而备,而《易》为之原。故曰:'《易》不可见,则乾坤或几乎息矣,'言与天地为终始也"。很显然,在班固看来,《易》之理是与宇宙相始终的;而这个《易》理的主要内涵之一,便是一种通变思维。《汉书》不但以此论学术源流,而且以此探寻历史变化。正是在《周易》通变思维的哲理基础上,作为断汉为史的断代纪传体史书,《汉书》的历史记述却能做到断而不断,断中有通,其中以"表""志"体现最为突出。《汉书》的"表""志"是贯通古今的,体现了历史通变的思想。如《异姓诸侯

王表》反映的是自虞夏以来至汉初异姓诸侯王的兴衰史,《百官公卿表》记述了伏羲以来至汉代的官职变化情况,《古今人表》对古今历史人物作了分等与评述,"十志"则旨在"通"的过程中了解各种典章制度的兴废与沿革,等等。很显然,《汉书》作为断代史却蕴含了丰富的历史通变思想。

欧阳修私修《新五代史》,参与主修《新唐书》,史学建树颇丰。同时,欧阳修通晓《周易》,著有《易童子问》易著,以及《易或问》《明用》等易文。作为断代史家,欧阳修同样重视运用《周易》的通变思维来考察历史、解说历史。他通过对《乾》卦六爻的解说,认为"凡物极而不变,则弊,变则通,故曰吉也。物无不变,变无不通,此天理之自然也"[1]。将《易》的通变思维上升到天理的高度,自然是出于理学家的本色,却从中可以看出欧阳修对《易》理的透彻理解。正是从《易》的通变思维出发,欧阳修撰史重视对于历史盛衰问题的探讨。如关于五代衰乱形成的原因,欧阳修就明确认为是封建纲常败坏所致。他说:"五代,干

---

[1] 欧阳修:《居士集》卷十八,《明用》,载《欧阳修全集》上,中国书店1986年版。

第三章　《周易》与传统史学的通变精神

戈贼乱之世也，礼乐崩坏，三纲五常之道绝，而先王之制度文章扫地而尽于是矣！"[1]这样的历史变易认识显然打上了理学的色彩，未必能真正揭示五代乱局的成因，却是在通变思想指导下来看待五代历史的变化的。同时，欧阳修肯定《易》理的物极必反性，相信五代"乱与坏相乘，至荡然无复纲纪，则必极于大乱而后返，此势之然也"[2]。这是以盛衰转化的观点来看待历史。

司马光的编年体通史《资治通鉴》，代表了传统史学编年体历史撰述的最高成就。在贯通古今历史的过程中，司马光非常重视以《周易》的通变思维来看待历史的盛衰之变。在其易学著作《温公易说》中，司马光揭示了易道的本质即是通变。首先，司马光肯定《易》的变易特性。他说："易者，阴阳之变也""阴阳之交际，变化之本原也。"[3]认为宇宙万物的生生不息，是事物内部阴阳互动的结果。而阴阳互动之所以会促成事物的变化，是因为"阴阳相殊"，即阴阳的差异性

---

[1] 《新五代史》卷十七，《晋家人传》，中华书局1974年版。

[2] 《新五代史》卷四十六，《杂传》，中华书局1974年版。

[3] 司马光：《温公易说》卷二，上海古籍出版社1989年版。

所决定的。司马光说,阴阳一方面具有相互依赖性,"阳非阴则不成,阴非阳则不生,阴阳之道,表里相承"[1]。一方面又表现出相互排斥、"不齐"性,阳具"刚健"之性,阴具"柔顺"之性,阴阳"各守一德,以生万物"[2]。其次,司马光肯定《易》道变易的"物极必反"规律。司马光说:"物极则反,天地之常也。"事物的阴阳之变呈一种"物极必反"律,"阴极则阳生,阳极则阴生"[3],"阳盛则阴微,阴盛则阳微",阴阳二者"一往一来,迭为宾主"[4]。由于天地万物皆以阴阳为体,因此这种阴阳盛衰消长之变是普遍存在于宇宙万物之中的。以《周易》的通变思维来考察社会历史,则可以清晰地看到社会历史不但是变动的,而且呈现出治乱兴衰的变动规律。司马光说:"阴阳之相生,昼夜之相承,善恶之相倾,治乱之相仍,得失之相乖,吉凶之相反,皆天人自然之理也。"[5] 司马光是理学家,理

---

[1] 司马光:《温公易说》卷一,上海古籍出版社1989年版。
[2] 司马光:《温公易说》卷五,上海古籍出版社1989年版。
[3] 司马光:《温公易说》卷六,上海古籍出版社1989年版。
[4] 司马光:《温公易说》卷五,上海古籍出版社1989年版。
[5] 司马光:《温公易说》卷六,上海古籍出版社1989年版。

第三章 《周易》与传统史学的通变精神

学家述史评史往往秉持天理的标准,故而有美化三代、贬损汉唐的普遍倾向;同时司马光又是位易学家,他又能运用通变的思维来观察三代、汉唐的历史。他肯定从上古到三代的历史是不断进步和发展的,正是经过了伏羲氏、神农氏、黄帝等古圣王的不断创制,人们才告别了"处于草野"的洪荒时代,而进入天下大治的"礼义教化"时代。[1] 认为汉唐历史的衰败也是有个过程的,两汉"虽不能若三代之圣王,然犹尊君卑臣,敦尚名节",是个遵守礼法的社会;此后的社会道德不断沦丧,以至于五代"天下荡然莫知礼义为何物矣"[2]。然而物极必反,五代衰尽之后出现了北宋的转机,历史迎来了一个"自古太平未有若今久也"[3] 的新的太平盛世。一部《资治通鉴》,贯穿了司马光这样一种通变的历史思维。

王夫之的《读通鉴论》与《宋论》,是传统史学历史评论总结性的著作。王夫之是一位精通易学的史学

---

[1] 司马光:《稽古录》卷一,北京师范大学出版社1988年版。
[2] 司马光:《司马文正公传家集》卷二十四,《上谨习疏》,商务印书馆1937年版。
[3] 司马光:《稽古录》卷十六,北京师范大学出版社1988年版。

家，著有易学著作《周易外传》《周易内传》《周易考异》《周易稗疏》和《周易大象解》等多部，他的历史评论也是以《易》的通变思维为基础的。《周易内传·系辞下》说："读《易》者，所当惟变所适，以善体其屡迁之道。"不但肯定了变易乃《易》道本质属性，而且让读《易》者要"善体"之。《周易大象解·序》则进一步论述了体察《易》的阴阳之变对于修己、治人的重要性："天下无穷之变，阴阳杂用之几，察乎至小至险至逆，而皆天道之所以察。苟精其义，穷其理，但为一阴一阳所继而成象者，君子无不可用之以静存、动察、修己、治人，拨乱反正之道。"王夫之的历史评论充满着这样一种通变思维。认为总结历史必须要有一种"通识"的眼光，他说："经国之远图，存乎通识。通识者，通乎事之所由始，弊之所由生，害之所由去，利之所由成，可以广恩，可以制宜，可以止奸，可以裕国，而咸无不允，于是乎而有独断。"[1]王夫之所谓"通识"的眼光，也就是司马迁"原始察终"的观点，只有以通识的眼光来总结历史，才能形成"独断"的认

---

[1] 王夫之:《读通鉴论》卷二十二，中华书局1975年版。

识。正是从通变的观点出发，王夫之肯定历史的发展与变革。他说："洪荒无揖让之道，唐虞无吊伐之道，汉唐无今日之道，则今日无他日之道者多矣。"[1]这就肯定了随着历史的发展，社会制度也会出现相应的变化，人们不可以简单地照搬古人的做法。王夫之还将这种古今之变上升到哲学的高度来加以认识，认为古今不同道是"时"差的结果，"因亦一道也，革亦一道也。其通也，时也"[2]；历史的变易乃"势"之必然，"乱极而治，非一旦之治也；治极而乱，非一旦之乱也"[3]。纵观王夫之的史论，最为显著的特点，便是以《易》的通变思维来评论历史的变易。

章学诚的《文史通义》，为传统史学理论集大成著作。该书以《易教》上、中、下三篇开章，其中上篇论说《易》为政典，中篇揭示《易》的变易本质，下篇肯定《易》与其他六经"殊途同归，一致百虑"。《文史通义》以论说《周易》作为开篇，显然是将其史学理论建立在易学的哲理基础上的。《易教上》在论说"六经

---

[1] 王夫之：《周易外传》卷五，中华书局1977年版。

[2] 王夫之：《宋论》卷一，中华书局1964年版。

[3] 王夫之：《诗广传》卷四，中华书局1964年版。

皆史"命题时，肯定《周易》乃先王政典之一。接着章学诚提出了三《易》之法与三《易》所本，他说："《周官》太卜掌三《易》之法，夏曰《连山》，殷曰《归藏》，周曰《周易》，各有其象与数，各殊其变与占，不相袭也。然三《易》各有所本，《大传》所谓庖牺、神农与黄帝、尧、舜，是也。由所本而观之，不特三王不相袭，三皇、五帝亦不相沿矣。"这段话从易法改制的角度，肯定了伴随着历史的变化，典章制度也必然随之而变的历史变易规律，进而成为章学诚史学变革论的思想基础。《易教中》开篇即说："孔仲达曰：'夫《易》者，变化之总名，改换之殊称。'先儒之释《易》义，未有明通若孔氏者也。"在章学诚看来，先贤关于《周易》本质属性的解说，只有孔颖达最为明确、透彻。接着章学诚说："得其说而进推之，《易》为王者改制之巨典，事与治历明时相表里，其义昭然若揭矣。"这就是说，正是由于《易》的本质属性是讲变易，故而成为先王改制的"巨典"。从这种《易》的变易特性来解说史学，章学诚肯定史学变革的必要性。如《书教下》论说纪传体的变革，即是以《易》的通变思想为指导的。章学诚以《系辞上》"蓍之德圆而神，卦之德方以智"来

第三章 《周易》与传统史学的通变精神

论说古今史学撰述类别,认为"撰述欲其圆而神,记注欲其方以智也。夫智以藏往,神以知来……藏往欲其赅备无遗,故体有一定而其德为方;知来欲其抉择去取,故例不拘常而其德为圆"。他认为司马迁、班固作为纪传之祖,《史记》"体圆用神",《汉书》虽然"体方用智","仍有圆且神者"。然而此后的历代纪传体撰述,却只是按照"科举之程式"延续而已,缺乏创新:"纪传行之千有余年,学者相承,殆如夏葛冬裘,渴饮饥食,无更易矣。"因此,他以"《易》穷则变"的道理,肯定变革纪传体的必要性:"《易》曰:'穷则变,变则通,通则久。'纪传实为三代以后之良法,而演习既久,先王之大经大法,转为末世拘守之纪传所蒙,曷可不思所以变通之道欤?"章学诚关于变革纪传体的论述,其实还蕴含了史学贯通意识。章学诚评述纪传体,是将纪传体千余年的发展史作为考察对象的,因而是在贯通中看到了纪传体变革的必要性。纵观《文史通义》,这种通变思想是贯穿于章学诚整个史学理论体系当中的。

以上只是以断代史、通史与史论相关代表性史家为例,来说明中国古代史学重视运用《周易》的通变思维来认识和解说历史与史学的。实际上，中国古代史家普遍通晓《周易》，因而也都普遍重视以《易》解史，特别是以《易》的通变思维来解说历史与史学的发展与变化，这是中国民族史学的重要特点，也是中国古代史学精神的突出表现之一。

第四章 《汉书》的以易解史

以易解史，即是以易学思维来认识历史、评论历史，这是中国传统史学的一个显著特点。汉代是"正史"的创立时期，也是经学兴起时期。班固作为封建正统史家的代表，他撰述《汉书》，"综其行事，旁贯《五经》"[1]，自觉以儒家思想作指导。而在儒家"六经"中，《周易》在班固心目中占有独特的地位。他以"六经"为诸子之源，而视《周易》为"六经"之首[2]，"《易》的尊崇地位的确立，班固是立了功的。"[3] 正因此，《汉书》重视以易解史，成为汉代史学以易解史的重要代表。

---

[1] 《汉书》卷一百下，《叙传》，中华书局1962年版。
[2] 《汉书·艺文志》首次将《周易》提高到"六经"的首要地位，参见《汉书》卷三十《艺文志》，中华书局1962年版。
[3] 吴怀祺:《易学与史学》，中国书店2004年版，第55页。

一、"一致百虑"与"通万方之略"

"一致百虑"语出《周易·系辞下》,其曰:"《易》曰:'憧憧往来,朋从尔思。'子曰:'天下何思何虑?天下同归而殊途,一致而百虑。'"说的是孔子在解释咸卦九四爻爻辞"憧憧往来,朋从尔思"时所作的发挥和阐释。意思是说,目的虽然相同,却有各种考虑。孔颖达随文疏曰:"一致而百虑者,所致虽一,虑必有百。言虑虽百种,必归于一致也。"朱熹则解释说:"'天下何思何虑'一句,便是先打破那个'思'字,却说'同归殊途,一致百虑'。"[1] 诸家解释大意相同。"一致百虑",表达了《易传》作者心目中应然的学术发展的一条规律,即追求学术发展不能用一种学术思想去消灭另外一种学术思想,或者是用一种思想替代其他各家各派的思想。很显然,这一思维在一定程度上表达了在当时百家争鸣的文化氛围之下,《易传》作者心目中处理学术分歧和各学派关系的一种原则,它从"一致

---

[1] 黎靖德编:《朱子语类》卷七十六,岳麓书社1997年版。

百虑"的角度肯定了诸子学术的价值,为妥善处理各学派之间关系提供了基础。因此,这既是一种学术思维,也是一种学术气度。它所传递出的信息是,《易传》的作者在特定的历史背景之下试图弥纶天地之道、包容百家学说的一种学术观和理想的学术追求。

《易传》的"一致百虑"思维对于西汉史家司马迁的"成一家之言"有重要影响。司马迁即是通过"厥协六经异传,整齐百家杂语"[1],融通、综合先秦学术思想,在此基础上而成就史家"一家言"的。同样,班固史学也在这个层面上受到了易学这一思维的启发和影响。然而,司马迁与班固受"一致百虑"思维的启发,表现在对诸子学说的理解与评判上还是有着细微差别的。司马迁主要从创立自己的"一家言"角度来对各家主张进行评价,侧重于其对于学术创新的意义;而班固则主要是强调在易学的统领下,各家学术相互之间的意义和对于易学整合的意义,所侧重的是在学术总结的维度。

班固认为,从各家学说的学术涵盖领域来讲,它

---

[1]《史记》卷一百三十,《太史公自序》,中华书局1959年版。

们都是"各引一端,崇其所善,以此驰说,取合诸侯"[1],在学术视野方面都是有局限的,如果只取用其中的一家,肯定是会有片面性。当然,出现这样的情况主要是时代"王道既微,诸侯力政,时君世主,好恶殊方"[2]所致。周王室失去统摄天下的控制能力,时君世主缺乏全局视野与理念,从而导致了这种学术局面的出现。可以说,这也是从唯物的角度解释了文化和社会环境之间的关系,从而在产生基础上论述了各家学术的合理性。由于各派学术都是从某一个角度反映社会,有其产生的合理性,所以班固主张把诸子学说的关系定位为"相反相成",认为"其言虽殊,辟犹水火,相灭亦相生也。仁之与义,敬之与和,相反而皆相成也。《易》曰:'天下同归而殊途,一致而百虑。'"[3]班固利用《周易》的原理,从各家学术的相互关系层面论述各自存在的必要性。认为各家学术虽然观点看法不一样,但各有所长,亦各有所短,如果"使其人遭明王

---

[1] 《汉书》卷三十,《艺文志》,中华书局1962年版。
[2] 《汉书》卷三十,《艺文志》,中华书局1962年版。
[3] 《汉书》卷三十,《艺文志》,中华书局1962年版。

第四章 《汉书》的以易解史

圣主，得其所折中，皆股肱之材已。"[1] 班固在实际治学实践中，也秉持着这种"折中"主义的态度。他"博贯载籍，九流百家之言，无不穷究。所学无常师，不为章句，举大义而已。"[2] 在经学立场上班固虽然属于古文经学派，但是他却高度重视今文家董仲舒的经学思想，《汉书》为董仲舒做专传，详载其《天人三策》；《汉书》的《五行志》有关天人感应之论，详载了今文家董仲舒、刘向以及今文孟京之易等的思想；所编纂的《白虎通》，也包含了大量今文经学和谶纬之学的内容。由此来看，班固治学虽然持守古文家立场，却又不囿于此，实则秉持一种兼容并包的态度。

"一致百虑"是否意味着人们都必须学习和掌握所有的学术？班固的答案是否定的。他针对学术环境中的一些不良现象批评道："博学者又不思多闻阙疑之义，而务碎义逃难，便辞巧说，破坏形体……后进弥以驰逐，故幼童而守一艺，白首而后能言；安其所习，毁所不见，终以自蔽。此学者之大患也。"[3] 为解决这

---

[1] 《汉书》卷三十，《艺文志》，中华书局1962年版。
[2] 《后汉书》卷四十上，《班彪列传》，中华书局1965年版。
[3] 《汉书》卷三十，《艺文志》，中华书局1962年版。

样一类问题,班固主张按照《周易》"一致百虑"'思维,紧紧抓住"一致"这个共性。认为各家学说都属于"百虑",要以"一致"为纲,掌握所有不同的知识系统(即"百虑")的最主要部分,所谓"舍短取长,则可以通万方之略矣。"[1]

在班固的眼中,要达到这样一种理想境界,就需抓住两个至关重要的关节点:首先是在各家学派相互之间的关系中,准确把握儒家和其他各派的关系。他认为,各家各派之间虽然是相反相成的关系,但在地位上并不是一样的。他把诸子看作是儒家"六经"的"支"与"流裔","今异家者各推所长,穷知究虑,以明其指,虽有蔽短,合其要归,亦《六经》之支与流裔。"[2]这也是诸子之学应该被保留的原因之一。儒家学说是诸子学术之源,从"一致"这个"要归"的标准来说,以"六经"为主体的儒家学说是所有知识系统的主干。因而,知晓和掌握儒家的知识系统,也就等于在大体上了解了诸子各派的学术。在这一维度上,儒家学说就相当于"一致",而除儒家外的其它各家学

---

[1] 《汉书》卷三十,《艺文志》,中华书局1962年版。
[2] 《汉书》卷三十,《艺文志》,中华书局1962年版。

术就相当于"百虑"。班固肯定诸子百家之说对儒家学说的补益之功,这一点非常集中地表现在《汉书·艺文志》中。班固对于儒家一派的极度重视,源于汉代儒学独尊地位的确定,他虽然提出兼容并包,却又认可儒学的崇高地位。

其次是在儒家学说体系内部的关系定位和处理上,主要体现在"六经"之间。班固认为:"六艺之文,《乐》以和神,仁之表也;《诗》以正言,义之用也;《礼》以明体,明者著见,故无训也;《书》以广听,知之术也;《春秋》以断事,信之符也。五者,盖五常之道,相须而备,而《易》为之原。故曰'《易》不可见,则乾坤或几乎息矣',言与天地为终始也。"[1]在知识含量上,易理弥纶天地,无所不包;在学术旨趣上,《易》涉及宇宙人生之道,这是另一重意义上的"一致",而其他"五经"只是侧重于在某一个领域和层面的阐释。同时,相对于其他"五经"只是"相需而备",而"《易》为之原",是其他"五经"之本源。在《汉书·艺文志》各类书籍序录中,班固通常都是以易理来论其源流的,

---

[1] 《汉书》卷三十,《艺文志》,中华书局1962年版。

如论《书》,"《易》曰'河出图,洛出书,圣人则之'";论《礼》,"《易》曰:'有夫妇父子君臣上下,礼义有所错'";论《乐》,"《易》曰:'先王作乐崇德,殷荐之上帝,以享祖考'",[1]如此等等。另外,《易》居"六经"之首。《汉书·艺文志》系统介绍书籍时,将《易》类置于诸子、诗赋、兵书、术数和方技之首,贯彻了《易》为"六经"之首的思想。《汉书·儒林传》有一段关于汉代经学传承的叙述,基本内容抄自《史记·儒林列传》,其曰:"汉兴,言《易》自淄川田生;言《书》自济南伏生;言《诗》,于鲁则申培公,于齐则辕固生,燕则韩太傅;言《礼》则鲁高堂生;言《春秋》,于齐则胡毋生,于赵则董仲舒。"[2]与《史记·儒林列传》相比照,这一叙述的主要变化是"六经"叙述的顺序。《史记》按照《诗》《书》《礼》《易》《春秋》排列,而《汉书》则改为以《易》为首。这一改动看似简单,却颇具匠心,它体现了《易》为"六经"之首的思想。在接下来介绍各种经典学术传授世系时,《汉书》不但首先叙述了《易》的传授过程,而且详细程度超过对于其他经典的介绍。很明显,

---

[1]《汉书》卷三十,《艺文志》,中华书局1962年版。
[2]《汉书》卷八十八,《儒林传》,中华书局1962年版。

这些无不体现了以《易》为"六经"之首的思想。

综上所述,《汉书》依据《周易》"一致百虑"思维,一方面肯定诸子百家学说(即所谓"百虑")各有所长,相反相成,应该本着"舍短取长"的态度兼收并蓄,只有这样才能"通万方之略";另一方面,"通万方之略"必须确定儒家"六经"之于诸子、《周易》之于儒家"六经"的"一致"地位,即是要确定儒家为诸子之源、《周易》为"六经"之首的学术地位。这是《汉书》对中国学术发展史的一个总体认识。

二、"易之别传"与神意史观

易学对于传统史学的影响,其中一个重要方面是历史观。吴怀祺先生说:"易学的丰富的辩证的联系思维培育出古代史学家对自然、对社会历史认识的独特视角,使他们的历史观具有了哲理特性。"[1]这一论断符合古代易史关系的实际。众所周知,我国传统史学在两汉时期取得了辉煌成就。其中一个重要原因,就

---

[1] 吴怀祺:《易学与史学·自序》,中国书店2004年版。

是得益于易学在这一时期的迅速发展，后者为史学的发展提供了丰富的理论源泉。同时，易学之于史家历史观的影响也需要辩证地看待，由于易学本身的理论建构带有一定的时代局限性，这也会相应地投射到史学领域，在传统史学中有所体现。

《汉书》和《史记》一样，都受到了《周易》的深刻影响，由于所处时代氛围和文化环境的不同，具体情形却不尽相同。在司马迁时期，真正具有鲜明特色的汉易还处于酝酿阶段，当时能够对其他学术产生影响的主要是先秦发展起来的易学。而到了班固生活的时代，汉易不但已经成型，具备了细密精微的理论架构，而且影响力渗透到各个领域，所以他所受的易学影响就带有双重性，既有先秦发展起来的易学的影响，又有汉易的影响。从一定意义而言，后者对其影响可能会更大一些。从易学理论的时代特征来看，这两者的差别也是很明显的。在先秦时期，《周易》最初为卜筮之书，后来逐渐发展成为思想内容很丰富、哲理性很强的学术理论体系。它虽然不免含有一些宣扬神意、天命的成分，但也含有丰富的朴素唯物主义和辩证法的思想成分。从先秦到汉初，易学的主流是"主义理、切人事,不言阴阳术数"[1]。司马迁撰述《史记》,主要是受这种特征的易学文化的影响。而到了西汉中后期,随着环境的改变,《周易》中天命、神意这一部分内容被刻意地凸显出来,并结合当时较为流行的天人感应、天命王权、阴阳灾变等观念,形成了一种新型的易学形态,清代经学家皮锡瑞称之为"易之别传"[2]。班固在撰述《汉书》时,从易学文化氛围角度来看,主要是受到这一易学的影响,其中典型的有孟喜易学、京房易学和易纬易学等,《汉书·五行志》中就引用京房《易》170多条,足见其影响力之大。正是在这一意义上,可以说班固在《汉书》中是把《易》之"别传"当作为《易》之"正传"了。

这样的易学理论资源和指导思想,对《汉书》神意史观的形成起到了重要作用。这种神意史观的主要特点,是以外于人事的神秘力量作为支配人类社会历史发展的决定因素,并且这种神秘力量对人类社会的支配具有一定的规律性。其中的核心就是奖善罚恶,但是它的显现又是间接和含蓄的,会通过某种媒介或

---

[1] 皮锡瑞:《经学通论》,中华书局1954年版,第16页。

[2] 皮锡瑞:《经学通论》,中华书局1954年版,第18页。

某种暗示来实现自己的决定作用，最为常用的方式就是阴阳灾异的使用。在《汉书》中，班固把孟喜易学中的卦气说、京房易学中的五行说和阴阳二气说揉合在一起，还把《周易》的《说卦》篇中的卦象说与五行、五事、五常结合起来，认为以上各种要素相互之间的关系是有规律可循的，进而以此解说自然灾异与人事祸福之间的必然联系。这一特点在《五行志》中体现得尤为明显：

> 孝武时，夏侯始昌通《五经》，善推《五行传》，以传族子夏侯胜，下及许商，皆以教所贤弟子。其传与刘向同，惟刘歆传独异。貌之不恭，是谓不肃。肃，敬也……于《易》，《巽》为鸡，鸡有冠距文武之貌。不为威仪，貌气毁，故有鸡祸。一曰，水岁鸡多死及为怪，亦是也……于《易》，《震》在东方，为春为木也；《兑》在西方，为秋为金也；《离》在南方，为夏为火也；《坎》在北方，为冬为水也。春与秋，日夜分，寒暑平，是以金木之气易以相变，故貌伤则致秋阴常雨，言伤则致春阳常旱也。至于冬夏，日夜相反，寒暑殊绝，水火

第四章 《汉书》的以易解史

之气不得相并，故视伤常燠，听伤常寒者，其气然也……刘歆貌传曰有鳞虫之孽，羊祸，鼻痾……于《易》《兑》为羊，木为金所病，故致羊祸，与常雨同应。此说非是。春与秋，气阴阳相敌，木病金盛，故能相并，惟此一事耳。祸与妖痾祥眚同类，不得独异。[1]

在此，班固把汉代以《易》论灾异的各家各派都列出来，以此大力宣扬天人感应、天变灾异的思想。

在这样的历史观左右之下，《汉书》对于历史的梳理和解读充满了天命和神意的味道。《汉书·律历志》基本上是以三统、四时与大衍之数作为一个整体的理论系统，来撰述它所认为的《系辞》中所说的由伏羲氏、神农氏至黄帝、尧、舜的古代历史进程的，并且把整个春秋二百四十二年的历史都解读成是天意支配的历史。《汉书》之所以用汉易的神秘主义思想为指导来叙述西汉社会历史，其落脚点则是与现实政治紧密联系在一起的，其实际用意是为了证明汉朝是承天

---

[1]《汉书》卷二十七中之上，《五行志》，中华书局1962年版。

命、得天统的政权。《汉书》叙述古史系统，以庖牺氏为木德、炎帝为火德、黄帝为土德、少昊为金德、颛顼为水德、唐尧又为火德，最终的目的是要落实到汉朝因火德而兴上，所谓"伐秦继周，木生火，故为火德。天下号曰'汉'。"[1] 从而为"汉承尧运，德祚已盛，断蛇著符，旗帜上赤，协于火德，自然之应，得天统矣"[2] 打下了理论与历史的基础。而王莽败亡与光武中兴，则说明刘汉天统衰而复兴的必然性。

由于自然界的现象本身在客观上与人类社会领域的人事变动并不存在必然性的联系，所以《汉书》以神权史观为指导对人类社会历史变动的解说，就带有很强的主观随意性，其结果往往会造成各种说辞之间出现歧义或者相互矛盾。正因此，唐代史评家刘知幾曾对《汉书·五行志》中宣扬天人感应、阴阳灾变等进行过尖锐的批评。他说，该志"所定多目，凡二十种。但其失既众，不可殚论。故每目之中，或时举一事。庶触类而长，他皆可知。又案斯志之作也，本欲明吉凶，释休咎，惩恶劝善，以戒将来。至如春秋已

---

[1] 《汉书》卷二十一下，《律历志》，中华书局1962年版。
[2] 《汉书》卷一下，《高帝纪》，中华书局1962年版。

还，汉代而往，其间日蚀、地震、石陨、山崩、雨雹、雨鱼、大旱、大水、犬豕为祸，桃李冬花，多直叙其灾，而不言其应。此乃鲁史之《春秋》、《汉书》之帝纪耳，何用复编之于此志哉！……亦有穿凿成文，强生异义。如蜮之为惑，麋之为迷，陨五石者齐五子之征，溃七山者汉七国之象，叔服会葬，郲伯来奔，亢阳所以成妖，郑易许田，鲁谋莱国，食苗所以为祸。诸如此比，其类弘多。徒有解释，无足观采。"[1] 从实际的情况来看，刘知幾这个批评是有一定道理的。但是，如果我们考虑到汉代中后期至东汉前期儒学神意化倾向不断强化的现实状况，《汉书·五行志》依据"易之别传"大肆宣扬天变灾异的神意史观，也就不足为奇了。而从思想史的角度而言，汉代的天人感应论在本质上是"言天道而归于人道"，属于神道设教，因而是有一定的积极因素的。

---

[1] 刘知幾:《史通》卷十九,《汉书五行志错误》,浦起龙通释本,上海古籍出版社 2009 年版。

三、天人一体与社会和谐

天人一体是《周易》的主要思维之一。在《易传》看来,宇宙万物虽然"广大悉备",却可以划分为天道、地道、人道之所谓"三才"。[1] 天、地、人又各分两面,所谓"立天之道曰阴与阳,立地之道曰柔与刚,立人之道曰仁与义"。"三才"两两对应,"六画而成卦",卦画因此生成。[2] 每一卦独自成为一个系统,六十四卦共同构成一个大系统。在《周易》的物质与符号世界中,天、地、人"三才"之间是"一体"的关系,"天地设位,圣人成能。"[3] 由天地确定万物秩序,圣人促成天地造化。而圣人促成天地造化的前提则是要效仿天道行事,所以《系辞上》说:"崇效天,卑法地",肯定人的崇高智慧效仿于上天,谦卑礼节效仿于大地。《易传》中有很多关于人法天地的叙述,如《乾·文言》说:"夫大人者,与天地合其德,与日月合其明,与四

---

[1] 《周易·系辞下》,《十三经注疏》本,中华书局1980年版。

[2] 《周易·说卦》,《十三经注疏》本,中华书局1980年版。

[3] 《周易·系辞下》,《十三经注疏》本,中华书局1980年版。

时合其序，与鬼神合其吉凶，先天而天弗违，后天而奉天时。天且弗违，而况于人乎，况于鬼神乎。"即是要求大人要奉天行事，与天一致。《坎·彖辞》说："天险不可升，地险山川丘陵也。王公设险以守其国，险之时用大矣哉。"这是指王公大人要懂得效仿天地自然之险，从而设险以守卫国家。《恒·彖辞》说："日月得天而能久照，四时变化而能久成，圣人久于其道，而天下化成。"这是指圣人应该效仿自然变化，从而恒久地坚持人文化成的正道。毫无疑问，《易传》人法天地的思想，从本质而言，即是天人和谐的思想，所以《乾卦·彖辞》说："乾道变化，各正性命，保合太和，乃利贞。"这种"太和"观念便是天人和谐的最高境界。

以孟、京易学为代表的汉代象数易学，继承了《周易》的天人一体思维，对天人关系作出了新的阐发。汉易通过图和数作为媒介，演绎了世界变化的原理与规律，在所关涉的因素中，包含了自然与人类社会各个领域，并且把自然和人类社会视同为联系紧密的一个整体来看待。这样，汉易便以自己的方式展示了天人一体思维。像孟喜易学的卦气说，就是以六十四卦与一年的四时、十二月、二十四节气以及七十二候相配合，从而构成一个宏观的大系统。此外，它又以君、公、侯、卿、大夫与十二辟卦相配。这样，就把自然界与人类社会密切联系在了一起。京房易学则是用编排八宫卦图式的方法把自然变化作为一个大的系统。在这样一个大的体系中，不但将阴阳变化联系在一起，而且将自然变化与社会等级礼制紧密相联。这样一种天人联系的编排，"论定了社会等级社会礼制与自然运行是一种先验的秩序，用自然天象变化的必然性说明封建社会等级制度的合理性。"[1] 这样一来，汉易的天人理论更加广泛地对史学讨论所需要考虑的因素进行了规定。

《汉书》深受《周易》及时代汉易天人一体思维的影响，以易学思维为依据，以历史学的形式对天人关系作出了新的探讨，从中表达了对于社会和谐的向往与追求。

首先，"列人事而因以天时"。《四库全书总目提要》说："《易》之为书，推天道以明人事者也。"[2] "推天

---

[1] 吴怀祺：《易学与史学》，中国书店2004年版，第61页。
[2] 纪昀总纂：《四库全书总目提要》经部一，《易类一》，河北人民出版社2000年版。

第四章 《汉书》的以易解史

道以明人事"一语，道出了《周易》或易学的本质所在。汉代孟、京易学尤其重视把所构建的自然与社会系统中的运行法则，看作是人所必须遵守的先验的存在。人必须努力去适应天道的基本原则，后者就是应然的规律，也是人调整自身行为的方向。《汉书》在天人关系上，明确认为人事需要顺应天道。《律历志上》说：

> 夫历《春秋》者，天时也，列人事而因以天时。传曰："民受天地之中以生，所谓命也。是故有礼谊动作威仪之则以定命也，能者养以之福，不能者败以取祸。"故列十二公二百四十二年之事，以阴阳之中制其礼。故春为阳中，万物以生；秋为阴中，万物以成。是以事举其中，礼取其和，历数以闰正天地之中，以作事厚生，皆所以定命也。《易》金火相革之卦曰"汤武革命，顺乎天而应乎人"，又曰"治历明时"，所以和人道也。[1]

班固明确认为，"列人事而因以天时"，这是孔子

---

[1] 《汉书》卷二十一上，《律历志》，中华书局1962年版。

作《春秋》的旨趣，也符合《易》的精神。这里所引"汤武革命，顺乎天而应乎人"和"治历明时"，分别出自《革卦》的《彖辞》与《象辞》，前者以汤武革命之事发论，肯定其乃顺天应人之举，所以取得成功；后者字面含义是整治历法以明四时之序，意为治理国事需要取象历法。二者其实都是强调人事需要取法天道，也只有取法天道才能成功。

其次，"财成辅相天地之宜"。人道仿效、顺从天道是促成人事的先决条件。如何仿效、顺从天道？《汉书》以《易传》为依据，提出了"财成辅相天地之宜"的思想。《汉书》的这一思想，集中见于《货殖传》的叙述：

> 于是辩其土地、川泽、丘陵、衍沃、原隰之宜，教民种树畜养；五谷六畜及至鱼鳖、鸟兽、萑蒲、材干、器械之资，所以养生送终之具，靡不皆育。育之以时，而用之有节。草木未落，斧斤不入于山林；豺獭未祭，罝网不布于野泽；鹰隼未击，矰弋不施于徯隧。既顺时而取物，然犹山不茬蘖，泽不伐夭，蝝鱼麛卵，咸有常禁。所以顺时宣气，

第四章 《汉书》的以易解史

蕃阜庶物，蓄足功用，如此之备也。然后四民因其土宜，各任智力，夙兴夜寐，以治其业，相与通功易事，交利而俱赡，非有征发期会，而远近咸足。故《易》曰"后以财成辅相天地之宜，以左右民"，"备物致用，立成器以为天下利，莫大乎圣人"，此之谓也。[1]

这段话集中阐发了"育之以时，而用之有节"的思想，说的是万物的养育与节用问题。《汉书》主张要"顺时宣气，蕃阜庶物，蓄足功用"，即是要顺应自然节气，养育积蓄万物，以足备功用。《汉书》这一认识的理论依据来自《易传》。其中"后以财成辅相天地之宜，以左右民"一语出自《泰卦·象辞》，原文是"后以财成天地之道，辅相天地之宜，以左右民。"这里"后"指圣人君主，"财"通裁。黄寿祺、张善文解释说："君主裁节促成天地交通之道，辅助赞勉天地化生之宜，以此保佑天下百姓。"[2] 旨在强调君主对于天地自然和人类社会的节制作用。郑万耕认为，"'裁成辅相'

---

[1] 《汉书》卷九十一，《货殖传》，中华书局1962年版。
[2] 黄寿祺、张善文:《周易译注》，上海古籍出版社2007年版，第74页。

就是在遵循自然规律的基础上,对自然物的变化加以辅助、节制或调整,使之更加符合人类生活的需要,也即'立功成器以为天下利'。"[1]"裁成辅相",本质上是讲如何调整和节制天下万物与社会需求之间的关系问题。而"备物致用,立成器以为天下利,莫大乎圣人"一语出自《系辞上》,孔颖达随文疏曰:"谓备天下之物,招致天下所用,建立成就天下之器以为天下之利。"具体论述了物与用、器与利的关系,只有达到相互间的平衡,才能成就天人之间的和谐。

再次,人与人之间的和谐。《汉书》不但强调天人、物我的和谐,而且重视人与人之间的和谐。其一,"上下序而民志定",肯定上下、尊卑秩序的建立是达成社会和谐的基础。《货殖传》说:"昔先王之制,自天子、公、侯、卿、大夫、士,至于皂隶、抱关、击柝者,其爵禄、奉养、宫室、车服、棺椁、祭祀、死生之制,各有差品,小不得僭大,贱不得逾贵。夫然,故上下序而民志定。"[2]《汉书》认为在社会关系中,必须"小不得僭大,贱不得逾贵",只有这样,才能建立起社

---

[1] 郑万耕:《〈汉书〉与〈周易〉》,《史学史研究》2006年第2期。
[2] 《汉书》卷九十一,《货殖传》,中华书局1962年版。

第四章 《汉书》的以易解史

会秩序。而《汉书》所持的易学依据,便是"上下序而民志定"。此语原于《履卦·象辞》,原文是"上天下泽,'履'。君子以辩上下,定民志。"意思是说只有辨明上下秩序,百姓才能安定其志。《汉书》据此肯定上下、尊卑秩序的建立对于社会和谐的重要性。其二,人主需"德配天地",以德治民,以德服远。《公孙弘传》说:

> 臣闻之,气同则从,声比则应。今人主和德于上,百姓和合于下,故心和则气和,气和则形和,形和则声和,声和则天地之和应矣。故阴阳和,风雨时,甘露降,五谷登,六畜蕃,嘉禾兴,朱草生,山不童,泽不涸,此和之至也。故形和则无疾,无疾则不夭,故父不丧子,兄不哭弟。德配天地,明并日月,则麟凤至,龟龙在郊,河出图,洛出书,远方之君莫不说义,奉币而来朝,此和之极也。[1]

这段话强调"和"必有应,天降祥瑞是社会和谐

---

[1]《汉书》卷五十八,《公孙弘传》,中华书局1962年版。

的表现，而万邦来朝则是这种社会和谐的极致状态。社会和谐的前提则是君王"合德于上""德配天地"。《汉书》强调君德的思想依然来自于《易传》。所谓"德配天地，明并日月"，语出《乾卦·文言》，原话说："夫'大人'者，与天地合其德，与日月合其明，与四时合其序，与鬼神合其吉凶，先天而天弗违，后天而奉天时。"这里所谓"大人"，当然是指统治者。《易传》希望统治者能德配天地，顺应天道。《汉书》以《易》为据，希望统治者德配天地，从而实现社会和谐、万邦和谐的理想

四、忧患意识与史鉴理念

忧患意识是《周易》的重要思想之一。《易传》充满着一种忧患意识。"《易》之兴也，其于中古乎？作《易》者，其有忧患乎？"[1]这是从作《易》者的意图来论述忧患意识的。"《易》之兴也，其当殷之末世，周之盛德邪？当文王与纣之事邪？"[2]这是从《易》阐述

---

[1]《周易·系辞下》，《十三经注疏》本，中华书局1980年版。
[2]《周易·系辞下》，《十三经注疏》本，中华书局1980年版。

第四章 《汉书》的以易解史

的时代历史背景来论述忧患意识的。"是故其辞危。危者使平,易者使倾。其道甚大,百物不废。惧以终始,其要无咎。此之谓《易》之道也。"[1] 这是从卦爻辞的特征和忧患意识的作用角度来进行论述的。君子如何才能具有忧患意识以保国运长久?《易传》认为应该要做到"安而不忘危,存而不忘亡,治而不忘乱,是以身安而国家可保也。"[2] 此外,《易经》对于这种忧患意识也有明确的表达,如《易经·否》九五爻辞曰:"其亡其亡,系于苞桑",这是告诫统治者始终要有一颗"系于苞桑"之上的警惕心理,时刻谨小慎微,只有这样才能避免出现从嫩弱的苞草和桑枝上滑落坠地的危险。

《周易》的忧患意识对于传统史学的影响,集中体现在以史为鉴理念上。《周易》成书于商周革代之际,社会的动荡与巨变,使得作《易》者心中充满了忧患。这种忧患意识的本质,是希望君子能"身安而国家可保"。正因此,《易传》对于《周易》功能的定位是:彰明过去的事迹,察知未来的变化,即所谓"《易》彰往

---

[1] 《周易·系辞下》,《十三经注疏》本,中华书局1980年版。
[2] 《周易·系辞下》,《十三经注疏》本,中华书局1980年版。

而察来"[1]。很显然,彰往察来是《周易》内在的忧患意识的一种外在体现,作《易》者希望通过对过往历史的考察,而为未来历史发展作出预判,这与传统史学以史为鉴思想是相一致的。传统史学的核心价值,就是通过对人类社会以往过程的记述和评说,来为未来的发展趋势作出准确的预测,并在此基础上来调整和纠正人们的行为。易学与传统史学都存在一个如何总结过往历史的经验和教训,从而保持社会良性发展的问题,这在易学就是一个忧患问题;而在史学,就是一个历史借鉴问题。每一个史学家都会涉及到它,其具体的表达方式可能会有不同,但实质内容是一致的。《史记》以"居今之世,志古之道,所以自镜也"[2]来总结和说明,在《汉书》这里则被提炼成"是以究其终始强弱之变,明监戒焉。"[3]

事实上,《汉书》是非常重视《周易》的忧患意识的,《汉书》的《楚元王传》记载了刘向上疏成帝的话:"臣闻《易》曰:'安不忘危,存不忘亡,是以身安而国

---

[1] 《周易·系辞下》,《十三经注疏》本,中华书局 1980 年版。
[2] 《史记》卷十八,《高祖功臣侯者年表序》,中华书局 1959 年版。
[3] 《汉书》卷十四,《诸侯王表》,中华书局 1962 年版。

家可保也'。故贤圣之君，博观终始，穷极事情，而是非分明。"[1]《陈汤传》也说："且安不忘危,盛必虑衰,今国家素无文帝累年节俭富饶之畜，又无武帝荐延枭俊禽敌之臣，独有一陈汤耳！假使异世不及陛下，尚望国家追录其功，封表其墓，以劝后进也。"[2] 这里所谓"安不忘危，存不忘亡，是以身安而国家可保也"一语，原文出自《系辞下》，只是较原文少了一句"治而不忘乱"。从以上两条文献的表述能够看出来，《汉书》每论及忧患意识，始终彰显的即是居安思危的思想；而从史学角度而言，则是要"博观终始，穷极事情"。它们既体现了过去时空的理念，又含有较为明确的学习、借鉴的意蕴，可以说是实现了忧患意识与史鉴思想的有机结合。

我们从秉承历史借鉴意识的角度来看待《汉书》，对《汉书》"改通为断"就会有新的认识。从历史记述的角度而言，通史体裁的信息含载量肯定会大于断代史，这也是很多人崇马抑班的重要原因之一。众所周知，《汉书》"断汉为史"的主要目的之一是为了"宣

---

[1] 《汉书》卷三十六，《楚元王传》，中华书局 1962 年版。
[2] 《汉书》卷七十，《陈汤传》，中华书局 1962 年版。

汉",这在《汉书·叙传》中班固已经作了详细说明。出于"宣汉"的目的,班固需要论证西汉政权的合理合法性,由此大力宣扬了"汉绍尧运""膺受天命"的神意思想。同时班固详细论载西汉一朝明君贤臣的历史事迹,系统反映西汉一朝的制度演变,努力彰显西汉皇朝的大一统功业。毫无疑问,班固"宣"西汉的目的自然是为了"宣"东汉,是以此奠定东汉政权的法理基础。班固撰述《汉书》的另一个重要目的,则是为巩固东汉政权寻求历史经验教训,也就是历史借鉴。班固叙述西汉历史,自然是为了东汉统治有所借鉴。从历史借鉴的有效性来看,通常需要满足两个条件:第一,借鉴的历史与当下的政治相似度越高,所达到的效果就会越好。由于社会的快速发展,以往历史与现实之间通常会出现巨大差异,从这一角度来看,距离现实越远的历史,其借鉴的意义就越小。班固《汉书》所记载的西汉历史因为时间上与东汉较为接近,与东汉社会存在着密切联系,在各个领域和方面所碰到的问题也有很大的相似性,因而它的借鉴作用要远远大于其它历史时段。第二,得出的历史经验和教训必须是建立在丰富的史料基础上的。要做到历

第四章 《汉书》的以易解史

史记载的客观性,首先必须是史料的丰富性。如果是主观想象出来的规律和解决问题的智慧,不管怎么冠冕堂皇都不具备借鉴的价值。西汉时代因为与东汉相较不远,满足这两个条件的便利性自然会远超于其它历史时段。正因此,司马迁的通史撰述,便会出现"录取较远历史相关资料的相对缺失,势必会造成其在历史横断面上愈古所记愈少的倾向";而班固《汉书》断代为史则"在一定程度上克服史料匮乏的问题",从而更好地"奠定了史家对历史经验认识和运用的基础。"[1] 由此可以得出结论,从历史借鉴的角度而言,班固断汉为史作《汉书》,是有时代联系性与资料丰富性之考虑的。

当然,《汉书》的忧患意识和以史为鉴思想,与班固的直书观也是密不可分的。以史为鉴所借鉴的历史必须是真实的历史,而真实的历史不仅需要充实可靠的史料,也需要史家主观上对于直书的追求;而史家直书观的形成,又是与史家的历史忧患意识不可分割的。《汉书》直书精神最直接、也是最为重要的一种体

---

[1] 陈金海:《略论〈汉书〉的"以史为鉴"思想》,《陕西理工学院学报》2013年第1期。

现，就是"宣汉"而不为汉讳。众所周知，西汉文景之治是一个清明统治，《汉书》对文景时期的政治却多有批评。在《贾山传》中，《汉书》记述了贾山所作《至言》，对汉文帝居功荒政提出批评："今功业方就，名闻方昭，四方乡风，今从豪俊之臣，方正之士，直与之日日猎射，击兔伐狐，以伤大业，绝天下之望，臣窃悼之。《诗》曰：'靡不有初,鲜克有终。'"[1]在《贾谊传》中，班固更是借贾谊之口，直接指出汉文帝的统治如同寝于未燃之时的积薪之上，形势岌岌可危。《陈政事疏》认为当时的国势已是"可为痛哭者一，可为流涕者二，可为长太息者六"。[2] 在《路温舒传》中，班固借路温舒之口说："今治狱吏则不然，上下相驱，以刻为明；深者获公名，平者多后患。"[3] 对景帝时期出现的冤狱情况提出批评。文景统治是西汉盛世，班固对其弊政直书不隐，这无疑彰显了史家的忧患意识，体现了史家"安不忘危，盛必虑衰"的思想。而对于西汉后期的政治腐败，《汉书》的揭露自然更不留情。如

---

[1] 《汉书》卷五十一，《贾山传》，中华书局1962年版。

[2] 《汉书》卷四十八，《贾谊传》，中华书局1962年版。

[3] 《汉书》卷五十一，《路温舒传》，中华书局1962年版。

第四章 《汉书》的以易解史

《贡禹传》揭露了汉元帝时期老百姓大饥而死、统治者却"厩马食粟"的麻木不仁:"今民大饥而死,死又不葬,为犬猪(所)食。人至相食,而厩马食粟,苦其大肥,气盛怒至,乃日步作之。王者受命于天,为民父母,故当若此乎!"[1]《鲍宣传》则通过详细载录鲍宣所谓"民有七亡、七死"论,对西汉后期腐败政治进行抨击,并由此得出结论:"民有七亡而无一得,欲望国安,诚难;民有七死而无一生,欲望刑措,诚难。"[2]《汉书》的不为汉讳,无疑彰显了史家的忧患意识和以史为鉴思想。

综上所述,班固《汉书》对于诸子学术的理解与价值判断、神意史观的宣扬、和谐社会的追求以及史鉴理念的形成,无不都与易学的影响分不开。《汉书》的易学思想渊源,有来自先秦"主义理、切人事"的易学和西汉好言灾异的象数易学两个方面,这些易学思维成为《汉书》解说历史的重要理论依据。

---

[1] 《汉书》卷七十二,《贡禹传》,中华书局 1962 年版。
[2] 《汉书》卷七十二,《鲍宣传》,中华书局 1962 年版。

第五章 《汉纪》的以易解史

东汉史家荀悦精于易学，所著《汉纪》，充分体现了以易解史的特点。荀悦的以易解史，一方面受汉代象数易学好言灾异的影响，宣扬天命史观；一方面又突破汉易，不专言灾异，而重视言明事理；同时以《易》的彰往察来思想为依据，宣扬"综往昭来，永监后昆"的历史借鉴理念。学术界关于《汉纪》以易解史特点的探究，已经取得了一些成果。但从总体来看，或是缺乏专门的系统论述，或是囿于易学角度，尚无从易史关系上作出系统的论述。[1] 有鉴于此，以下从天命

---

[1] 学术界讨论易学与史学问题涉及到荀悦《汉纪》的主要成果有：吴怀祺：《易学与史学》第五章，中国书店 2004 年版；张涛、袁江玉：《汉代的易学与史学》，《南都学坛》2007 年第 1 期，等。从易学角度讨论荀悦《汉纪》的主要成果，仅有张涛的《荀悦易学思想初探》（《北方论丛》2000 年第 6 期）一篇。

第五章 《汉纪》的以易解史

史观、重人事思想和综往鉴来理念等三个方面,对《汉纪》的以易解史作出阐发。

一、天命史观的易学哲理基础

荀悦身处汉末政局衰败、军阀割据的乱世时代,他受汉献帝之命改编班固《汉书》作《汉纪》,其现实目的即是要通过宣扬天命皇权、汉统永存,以此打消割据军阀们觊觎皇位的非分之想。因此,《汉纪》重视宣扬天命史观,一方面出于服务于现实政治的需要,籍此论证刘汉皇权的合法性;一方面从本体的高度来谈论天人关系,宣扬天人感应论和尽心"任天命"的思想。《汉纪》宣扬天命史观与荀悦的易学思想分不开,在一定程度而言,《汉纪》的天命史观是以易学为哲理基础的。

首先,《汉纪》出于服务现实政治的需要,大力宣扬"汉为尧后"说。作为《汉纪》的母本,班固《汉书》就已经对"汉为尧后"说作了系统的宣扬。《汉书》的《律历志》系统载录刘歆的五德相生说,宣扬汉为火德;《高帝纪赞》更是明确指出:"汉承尧运,德祚已盛,断蛇著符，旗帜上赤，协于火德，自然之应，得天统矣。"班固这一神意思想被荀悦所继承。《汉纪》开篇有一大段论述汉家发迹历史的话语，集中对刘歆系统阐发、班固大力宣扬的五德相生说作了详细叙述，旨在宣扬"汉为尧后"的思想。其曰：

> 汉兴，继尧之胄，承周之运，接秦之弊。汉祖初定天下，则从火德，斩蛇著符，旗帜尚赤，自然之应，得天统矣。其后张苍谓汉为水德，而贾谊、公孙弘以为土德，及至刘向父子，乃推五行之运，以子承母，始自伏羲，以迄于汉，宜为火德。其序之也，以为《易》称'帝出乎震'，故太皞始出于震，为木德，号曰伏羲氏。共工氏因之为水德，居水火之间，霸而不王，非其序也。炎帝承木生火，固为火德，号曰神农氏。黄帝承之，火生土，故为土德，号曰轩辕氏。帝少昊灭，帝挚承之，土生金，故为金德，号曰金天氏。帝颛顼承之，金生水，故为水德，号曰高阳氏。帝喾承之，水生木，故为木德，号曰高辛氏。帝尧始封于唐，高辛氏衰，而天下归之，号曰陶唐氏，

故为火德。即位九十载,禅位于帝舜,号曰有虞氏,故为土德。即位五十载,禅位于伯禹,号曰夏后氏,故为金德。四百四十二年,汤伐桀,王天下,号曰殷为水德。六百二十九年,武王灭纣,王天下,号曰周,为木德。七百六十七年,秦昭王始灭周,而诸侯未尽从,至昭王之曾孙政,遂并天下,是为始皇帝,有天下十四年,犹共工氏焉,非其序也。自周之灭。及秦之亡,凡四十九年,而汉祖灭秦,号曰汉,故为火德矣。[1]

这段话虽然主要是祖述刘歆的五德相生说,却有两层含义值得注意:其一,《汉纪》系统宣扬了五德相生、"汉为尧后"说。在邹衍的五德相胜说中,帝尧并没有单独秉承一德。《汉纪》所言"张苍谓汉为水德,而贾谊、公孙弘以为土德"之说,是针对秦朝水德发论的,承继的是邹衍五德相胜之说。西汉末年刘歆提出五德相生说,其古史系统中便有了得火德的尧的历史运次存在,而且明确提出刘汉是帝尧后裔,因

---

[1] 荀悦:《汉纪·高祖纪》卷一,载《两汉纪》上,中华书局2002年版。

而当以火德上继周之木德,即所谓"汉为尧后而得火德"之说。这套说法被《汉书·律历志》作了详细记述,并且成为班固论证刘汉政权合法性的重要依据。如果说刘歆宣扬"汉为尧后"说的主要目的是为了汉新禅让,那么班固《汉书》所宣扬的"汉为尧后"说的主要目的则是为刘汉政权的合法性提供论证。[1] 从此以后,汉人讲五德,皆沿用五德相生的说法,"汉为尧后"说也因此得以固化。荀悦《汉纪》乃受汉献帝之命改编《汉书》而成,其目的是为了维护刘汉正统。故而引文一开始就明确"汉为尧后而得火德",肯定刘汉建立是"自然之应,得天统矣",也就是天命所归。接着便对自伏羲以来的中国历代王朝的德属,按照刘歆的五德相生理论进行了具体叙述,以此再次明确刘邦灭秦建汉的火德正统地位。由此来看,宣扬"汉为尧后",确定汉皇朝合法地位,是《汉纪》采纳刘歆五德相生说的主要原因,也是《汉纪》承继班固神意史观而确定其撰述旨趣的根本所在。

其二,《汉纪》宣扬五德相生、"汉为尧后"说与

---

[1] 参见拙文:《论刘歆的新五德终始历史学说》,《中国文化研究》2002年第2期夏之卷。

第五章 《汉纪》的以易解史

荀悦的易学家学背景密不可分。荀悦是荀子十三世孙、东汉易学大师荀爽的侄儿,家学渊源深厚。荀爽易学在东汉有一定的学术地位,《汉纪》说:"孝桓帝时,故南郡太守马融著《易解》,颇生异说。及臣悦叔父故司徒爽著《易传》,据爻象承应阴阳变化之义,以十篇之文解说经意。由是兖、豫之言《易》者咸传荀氏学,而马氏亦颇行于世。"[1] 由此来看,西汉末年的荀爽易学是与马融易学齐名的易学流派。荀悦的主要学术成就在于史学,而不在易学,但是他的史学明显受到汉易特别是其叔父荀爽易学的影响,学者认为"他解史还是看得出汉易卦气说的痕迹,也反映出他叔父荀爽易学对他的影响。"[2] 从《汉纪》开篇宣扬五德相生、"汉为尧后"来看,就明显打上了易学的烙印。第一,从帝王系统而言,刘歆五德相生说缔造的以伏羲为历史开端的古史系统,是以《周易》为其依据的。邹衍五德相胜的古史系统是以黄帝作为历史开端,与《周易》没有瓜葛。与此不同,刘歆五德相生所构建的古史系

---

[1] 荀悦:《汉纪·成帝纪》卷二十五,载《两汉纪》上,中华书局2002年版。

[2] 吴怀祺:《易学与史学》,中国书店2004年版,第88页。

统则以伏羲作为历史的开端,是受到了《周易》古史观的影响的。刘歆说:"《易》曰:'炮牺氏之王天下也。'言炮牺继天而王,为百王先,首德始于木,故为帝太昊。"[1]这里炮牺即是伏羲,太昊乃是伏羲王天下之号。在刘歆看来,《周易》关于历史发展的描述,即是以伏羲为开端的,伏羲氏通过察天观地作八卦,"以通神明之德,以类万物之情"[2],从而有了文明历史。由此刘歆叙述的五德相生的帝王系统,自然也是以伏羲作为历史开端、帝王之始的。《汉纪》全盘接受刘歆五德相生说所构建的以伏羲为历史开端的古史系统,等于完全认可了刘歆所采纳的《周易》的古史观。这既有荀悦对历史的认知,也有荀悦对《易》的认知。第二,从五德之序而言,刘歆五德相生说以木德为始,依据的是《说卦》"帝出乎震"的说法。邹衍五德相胜说以土德为始,依循"土木金火水"之序;与此不同,刘歆五德相生说以木德为始,依循"木火土金水"之序。从现有资料来看,邹衍的五德之序与易学没有关系,而刘歆五德说以木德为始,其理论依据便是《说

---

[1] 《汉书》卷二十一下,《律历志》,中华书局1962年版。
[2] 《周易·系辞下》,《十三经注疏》本,中华书局1980年版。

第五章 《汉纪》的以易解史

卦》的"帝出乎震"一语。《汉书·郊祀志赞》说:"刘向父子以为帝出于《震》,故包羲氏始受木德,其后以母传子,终而复始,自神农、黄帝下历三代而汉得火德焉。"为何刘向、刘歆父子认为"帝出于《震》",这是采用了《周易·说卦》的思想。《说卦》说:"帝出乎震","万物出乎震,震,东方也。"按照《易传》的说法,天地万物从春开始,在方位中为东方,在八卦中为震卦,在五行中为木。与此相对应,在帝王系统中则"帝出乎震",木德伏羲氏继天而王,文明创制,为历史开端。刘歆五德说采纳《说卦》的说法,以确定伏羲的人文始祖地位。荀悦上述"以为《易》称'帝出乎震',故太皞始出于震,为木德,号曰伏羲氏"之语,当然是借刘歆之口所作出的表达,同时也说明他完全接受刘歆以《说卦》为依据,来确定木德伏羲为百王先的思想。

其次,《汉纪》从天人关系的高度,宣扬天人感应论,主张尽心"任天命"。《高后纪》有一段话反映了荀悦对于天人关系的认识,其曰:

> 凡三光精气变异,此皆阴阳之精也。其本在

地，而上发于天也。政失于此，则变见于彼，由影子象形，响之应声。是以明王见之而悟，勅身正己，省其咎，谢其过，则祸除而福生，自然之应也。[1]

这段话跟董仲舒宣扬的天人感应论如出一辙。在荀悦看来，天人之间是可以相互感应的，荒政必然带来天变，统治者应该从天变的警示中得到警醒。

为了消除人们对于灾祥之报说的疑惑，《汉纪》提出了"天人三势"论，其曰：

> 夫事物之性，有自然而成者，有待人事而成者，有失人事不成者，有虽加人事终身不可成者，是谓三势。凡此三势，物无不然。以小知大，近取诸身，譬之疾病不治而自瘳者，有治之则瘳者，有不治则不瘳者，有虽治而终身不可愈者……推此以及教化，则亦如之何哉？人有不教而自成者，待教而成者，无教化则不成者，有加教化而终身

---

[1] 荀悦：《汉纪·高后纪》卷六，载《两汉纪》上，中华书局2002年版。

第五章 《汉纪》的以易解史

不可成者。[1]

在此,荀悦认为,大凡世间万物的存在形式不外乎以上"三势",而事物的"三势"则是由命中注定的。荀悦用以证明"天人三势"论的论据,只是两个比喻。他以疾病的三种情形来比喻"天人三势",这显然是混淆了疾病现象与历史现象之间的本质区别;他以人性三品来比喻"天人三势",却无视了性三品说本身就是一种封建品级意识。然而,荀悦正是依据了这种苍白无力的论证,不但用以证明他的"天人三势"论,而且还据此而郑重宣告:"是以推此以及天道,则亦如此。灾异之应无所谬矣。"[2]荀悦以"天人三势"论来为时人对于灾祥之报说之疑惑进行答疑解惑,这种天命理论的表现形式是新颖别致的,而其理论依据则是苍白无力的,实际上并不能真正起到答疑解惑的作用。白寿彝先生认为荀悦的"天人三势"论"在理论上固然是抬高了天的统治地位,实际上却是来了一个掩耳盗铃,自己也未尝不知道并不能解决问题,却装着没有看

---

[1] 荀悦:《汉纪·高后纪》卷六,载《两汉纪》上,中华书局2002年版。
[2] 荀悦:《汉纪·高后纪》卷六,载《两汉纪》上,中华书局2002年版。

见。"[1] 此语无疑是击中了"天人三势"论的虚弱本质。

既然天地万物存在着"三势",乃人力无法左右,那么在"三势"面前,人究竟应该如何作为？荀悦说："凡三势之数,深不可识,故君子尽心力焉,以任天命。"[2] 这就是说,人在"三势"面前,只能是尽人事而任天命,因为最终决定结果的是天,而非人。

荀悦宣扬天人感应、尽心"任天命"思想的哲理基础依然是易学。荀悦说："《易》曰：'有天道焉,有地道焉,有人道焉。'言其异也。兼三才而两之,言其同也。故天人之道,有同有异。据其所以异而责其所以同,则成矣；守其所以同而求其所以异,则弊矣。"[3]《周易》具有系统的天人一体思想。《系辞下》说："《易》之为书也,广大悉备。有天道焉,有人道焉,有地道焉,兼三才而两之,故六。六者非他也,三才之道也。"[4]《说卦》也说："昔者圣人之作易也,将以顺性命之理,是以立天之道曰阴与阳,立地之道曰柔与刚,立人之

---

[1] 白寿彝：《白寿彝史学论集》下,北京师范大学出版社1994年版,第756页。

[2] 荀悦：《汉纪·高后纪》卷六,载《两汉纪》上,中华书局2002年版。

[3] 荀悦：《汉纪·高后纪》卷六,载《两汉纪》上,中华书局2002年版。

[4] 《周易·系辞下》,《十三经注疏》本,中华书局1980年版。

第五章 《汉纪》的以易解史

道曰仁与义。兼三才而两之,故易六画而成卦。分阴分阳,迭用柔刚,故易六位而成章。"[1] 从《易传》的叙述可知,天地人构成了宇宙万物的整体,《易经》中每一卦六爻的符号体系,其中上二爻是天位,下二爻是地位,中二爻是人位,其实就是天地人"三才"之统一整体在卦象上的体现。荀悦关于天人关系的理论依据,便是来自于《易传》。在荀悦看来,《易传》关于天地人"三才"的划分,是从天人的差异性上去说的;而"兼三才而两之",则是从天人的一体性、相同性上去说的。这就是说,天人之间存在着相分又合一的关系。"据其所以异而责其所以同,则成矣",即是说人如果能依循天道行事,就能取得成功;反之,"守其所以同而求其所以异,则弊矣",即是说过于"求异",一味人为,无视天道,结果则必然会弊端丛生。实事求是地说,如果将所谓的天道理解成为自然规律,荀悦的说法无疑是正确的。如果联系到荀悦的"天人三势"论,他的天道论却又呈现出一种不可知论,所谓"三势之数,深不可识",显然是一种神秘主义。面对"深

---

[1] 《周易·说卦》,《十三经注疏》本,中华书局1980年版。

不可识"的天道，人们只能"尽心力"。荀悦认为《说卦》所谓"穷理尽性以至于命"，表达的就是这个意思。也就是说，在天人关系上，人为的作用只能是"尽心力焉，以任天命。"[1]

二、突破汉易的重人事思想

汉末易学出现重要转型，以言灾异为特征的象数易学逐渐向义理易学转向。荀悦以易解史，虽然重视对于天命史观的宣扬，然而又重视言明事理。吴怀祺先生认为，荀悦以易解史"不专在说灾异宣扬天命观，更多的解说能体现出重人事的思想。"[2]

在上述荀悦的天人关系论中，荀悦一方面肯定天的决定性作用，一方面也没有完全忽视或者否定人的作用。只是认为天命"深不可识"，人们只能是"尽心力"而"任天命"。其实这样一种天人关系论如果剔除去其中的神秘主义因素，是大致符合《易传》的思想。在《易传》的作者看来，人道效仿天道，所谓"崇效天，

---

[1] 荀悦：《汉纪·高后纪》卷六，载《两汉纪》上，中华书局2002年版。
[2] 吴怀祺：《易学与史学》，中国书店2004年版，第89页。

卑法地"[1]。然而这种效仿又不是消极被动,而是积极能动的,所谓"天地设位,圣人成能"[2],即是肯定圣人可以成就促成天地造化之功。这就是说,《周易》在确定天的主导性、决定性作用的前提下,是具有重人事的思想的。不过《易传》所谓"圣人成能",已经明确告诉人们成就天地造化之人是圣人,而非一般普通之人。《周易》中的"人",有大人、君子、圣人、小人、百姓之分,能够效仿天地、促成天地造化的人,当然是指前三种人,因为"《易》为君子谋,不为小人谋。"[3]《易传》对伏羲、神农、黄帝、尧、舜等古圣人的文明创制与社会教化作了详细叙述和充分肯定,如《系辞下》篇讲述的远古社会进化的历史,实际上便是一部古圣人创制与教化的历史。《周易》对一般民众的重要性也有一定的认识,只是这种认识的出发点不是认为他们能够对国家社会发展起到主导的引领作用,而只是把他们作为衡量圣人行为结果的重要标准,视其为一个被动的群体,这与我们现在所谓重视人民群众历

---

[1] 《周易·系辞上》,《十三经注疏》本,中华书局1980年版。
[2] 《周易·系辞下》,《十三经注疏》本,中华书局1980年版。
[3] 张载:《正蒙·大易》,载《张载集》,中华书局1978年版。

史地位之性质是截然不同的。

受到易学这种天人观、历史观的影响,荀悦以易解史,一方面充分肯定人对于历史发展的重要作用,一方面又宣扬君主决定论。荀悦对于人为的作用是有充分认识的。《汉纪》开宗明义,提出了"立典有五志"的历史取材思想。其曰:"夫立典有五志焉:一曰达道义,二曰章法式,三曰通古今,四曰著功勋,五曰表贤能。于是天人之际、事物之宜粲然显著,罔不备矣。"[1]这里所谓"达道义""章法式"与"通古今",其主体都是历史的人与事。"达道义"要求历史撰述要以儒家纲常伦理道德为旨归,肯定历史人物道德的垂范价值;"章法式"要求历史撰述要维护和宣扬封建皇朝已经立定的法规制度,要多记"祖宗功勋,先帝事业,国家纲纪"[2];"通古今"要求历史撰述要详载封建皇朝治乱兴衰的整个过程,通过考察封建人事与政治的得失成败,而为当时的封建统治提供历史鉴戒。至于"著功勋"和"表贤能",则更是直接通过历史撰述,来表彰统治阶级当中的代表性人物。具体而言,如"明主贤臣命

---

[1] 荀悦:《汉纪·高祖纪》卷一,载《两汉纪》上,中华书局2002年版。
[2] 荀悦:《汉纪·自序》,载《两汉纪》上,中华书局2002年版。

第五章 《汉纪》的以易解史

世立业,群后之盛勋,髦俊之遗事"[1]等,都是史书应该载记的。在《汉纪·自序》中,荀悦将《汉纪》的记述对象概括为"祖宗功勋、先帝事业、国家纲纪、天地灾异、功臣名贤、奇策善言、殊德异行、法式之典",所有这些,无不与历史人物的作为有密切关系。也就是说,荀悦认为历史撰述的中心应该是历史人物,这等于肯定了历史发展中的人的重要作用。

《汉纪》肯定人才对于国家治理的重要作用,对西汉用人政策不当提出批评。一般来说,大凡封建盛世的造就,往往都与封建统治者重用人才是分不开的;反之,封建衰世的出现,则总是与统治者不能用贤相关联的。然而,在《汉纪》看来,封建衰世时期不用人才是自不待言的,而即使在所谓的封建盛世时代,统治者要真正做到知贤、用贤,其实也是很困难的。《汉纪》以汉文帝的用人情况为例,论证了即使是像文帝这样的贤君,在知人、用人上其实做的也是很不够的。如像杰出的政治家、思想家贾谊,就被逐贬于外,而得不到重用。名臣张释之、冯唐的仕途也不通畅,张

---

[1] 荀悦:《汉纪·自序》,载《两汉纪》上,中华书局2002年版。

释之以骑郎事文帝,"十年不得调,亡所知名"[1],后来还是中郎将爰盎知其贤、爱其才而极力荐举,才得以升迁;而冯唐年过七十后才受到重用,之前一直只是屈做一个郎署长的官职。更有如名相周勃,是西汉有名的忠臣,以诛诸吕而有大功于汉室,却见疑于文帝,竟被下狱而遭狱吏之辱。于是,荀悦借冯唐七十余岁才困而后达,对文帝朝的用人之失评论道:"以孝文之明也,本朝之治,百僚之贤,而贾谊见逐,张释之十年不见省用,冯唐白首屈于郎署,岂不惜哉!夫以绛侯之忠,功存社稷,而犹见疑,不亦痛乎!"[2]在荀悦看来,西汉一朝像文帝这样的明君,都如此难以知人善任,何况其他远在文帝之下的君主呢?由此来看,西汉统治者在用人上是存在着很大弊端的。

当然,在荀悦看来,在历史发展的人的因素当中,最根本的还是君王。《汉纪》的"帝纪赞"皆抄袭《汉书》旧文,唯有《高祖纪赞》则是荀悦所作。在此赞语中,荀悦一方面宣扬天命史观,一方面也表达了对于高祖刘邦人为作用的肯定。其曰:

---

[1]《汉书》卷五十,《张释之传》,中华书局1962年版。
[2] 荀悦:《汉纪·文帝纪》卷八,载《两汉纪》上,中华书局2002年版。

第五章 《汉纪》的以易解史

高祖起于布衣,奋剑而取天下,不由唐、虞之禅,不阶汤、武之王,龙行虎变,率从风云,征乱伐暴,廓清帝宇,八载之间,海内克定,遂(何)天之衢,登建皇极,上古已来,书籍所载,未尝有也。非雄俊之才,宽明之略,历数所授,神祇所相,安能致功如此!夫帝王之作,必有神人之助,非德无以建业,非命无以定众。[1]

在这段话中,荀悦对汉高祖起于布衣而建立起帝王之业,表示了由衷的赞叹,认为这是自书籍所载以来前无古人的事业。在具体分析汉高祖之所以能"致功如此"的原因时,荀悦一方面认为这是"历数所授,神祇所相","有神人之助"。《汉纪》以刘歆五德相生说开篇以宣扬"汉为尧后"思想,以班彪《王命论》结尾以宣扬"神器有命"论,通篇都贯穿着一种天命史观。但在另一方面,荀悦也如实肯定汉高祖能建汉,与其本人素质密不可分,所谓"雄俊之才,宽明之

---

[1] 荀悦:《汉纪·高祖纪》卷四,载《两汉纪》上,中华书局2002年版。

略""以德建业"等语,即是对汉高祖人为作用的肯定。

《汉纪》的重人事思想,不仅是受到易学天人观中肯定人道思想的影响,而且在很多具体的人事与制度的评论中,也非常重视以易学思想为依据。如对于汉高祖建汉的评述,《汉纪》曰:"夫帝王之作,必有神人之助,非德无以建业,非命无以定众,或以文昭,或以武兴,或以圣立,或以人崇,焚鱼斩蛇,异功同符,岂非精灵之感哉!《书》曰:'天工,人其代之。'《易》曰:'汤、武革命,顺乎天而应乎人。'其斯之谓乎!"[1]荀悦从天命与人事两方面来说明汉高祖之所以能建汉的原因。这里引用《周易》"汤、武革命,顺乎天而应乎人"之语,出自《革卦》彖辞。所谓"顺天应人",即是在承认天命的前提下,来肯定人为的作用。荀悦引用《易》说,显然是将其作为自己从天命与人事两方面总结汉高祖之所以能建汉之原因的理论依据。再如昌邑王刘贺被废,《汉纪》也是引《易》作出评述的。昌邑王刘贺曾被授予天命,但因为其自身的不良行为,按照天道福善祸淫的原则,导致丧失天命,故而荀悦评述道:

---

[1] 荀悦:《汉纪·高祖纪》卷四,载《两汉纪》上,中华书局2002年版。

第五章 《汉纪》的以易解史

"昌邑之废,岂不哀哉!《书》曰'殷王纣自绝于天',《易》曰'斯其所取灾',言自取之也。"[1]"斯其所取灾"一语出自《旅卦》初六爻辞。在荀悦看来,昌邑王虽然得到天命,却因自己的行为违逆了天道,结果还是招致被废的命运,这在作《易》者看来是自己"取灾",也就是咎由自取。

在评述封建纲常伦理道德时,《汉纪》也体现了以易解史的特点。汉家尚公主之制,通常是"使男事女,夫屈于妇"。针对这一制度,荀悦评论道:"尚公主之制,人道之大伦也。昔尧(厘)降二女于妫汭,嫔于虞。《易》曰:'帝乙归妹,以祉元吉。'《春秋》称王姬归于齐,古之达礼也。男替女凌,则淫暴之变生矣。礼自上降,则昏乱于下者众矣。三纲之首,可不慎乎!夫成大化者必稽古立中,务以正其本也。"[2]荀悦认为,尚公主是人伦大礼,必须合乎古礼古制,他给出的理论依据便是《周易》和《春秋》。《周易》"帝乙归妹,以祉元吉"一语出自《泰卦》六五爻辞,意思是说帝乙嫁出自己的妹妹,以此得福,大吉。历史上商纣王的父亲帝乙

---

[1] 荀悦:《汉纪·昭帝纪》卷十六,载《两汉纪》上,中华书局2002年版。
[2] 荀悦:《汉纪·宣帝纪》卷十七,载《两汉纪》上,中华书局2002年版。

正是通过将自己的妹妹嫁给周文王，由此缓和了与周族的关系，所以大吉。荀悦以古说今，认为汉代尚公主制度之"男替女凌"的做法，违反古礼，逆阴阳之义，不符合纲常伦理。汉惠帝四年（前191）十月，在吕后的授意下，汉惠帝立其姐鲁元公主的女儿张氏为皇后。对于这样一种婚配，荀悦评述道："夫妇之际，人道之大伦也。《诗》称：'刑于寡妻，至于兄弟，以御于家邦。'《易》称：'正家道，家道正而天下大定矣。'姊子而为后，昏于礼而黩于人情，非所以示天下，作民则也。群臣莫敢谏，过哉！"[1]荀悦认为汉惠帝立他的姐姐鲁元公主的女儿张氏为皇后的做法，既违反礼制，也有悖于人情，这不是为民表率之作为。所引《周易》之语，出自《家人卦》彖辞，原话是"正家而天下定矣"。荀悦引《易》说的目的，是强调家庭伦理对于国家治理的重要性。

针对历代以及汉代诸侯之制，荀悦也结合《周易》发表了自己的看法。众所周知，汉代前期统御诸侯之制，采取的是郡国并行体制。一方面"汉承秦制"，继

---

[1] 荀悦：《汉纪·惠帝纪》卷五，载《两汉纪》上，中华书局2002年版。

第五章 《汉纪》的以易解史

续在全国范围内实行郡县制度；另一方面又杂设封国于其间。荀悦对此评论道：

> 诸侯之制，所由来尚矣。《易》曰：'先王建万国，亲诸侯。'孔子作《春秋》为后世法，讥世卿不改世侯。昔者圣王之有天下，非所以自为，所以为民也，不得专其权利，与天下同之，唯义而已，无所私焉。封建诸侯，各世其位，欲使亲民如子，爱国如家，于是为置贤卿大夫，考绩黜陟，使有分土而无分民，而王者总其一统，以御其政……故民主两利，上下俱便，是则先王之所以能永有其世也……至其末流，诸侯强大，更相侵伐，周室卑微，祸乱用作。秦承其弊，不能正其制以求其中，而遂废诸侯，改为郡县，以一威权，以专天下……汉兴，承周、秦之弊，故兼而用之。六王、七国之难作者，诚失之于强大，非诸侯治国之咎。其后遂皆郡县治民，而绝诸侯之权矣，当时之制，未必百王之法也。[1]

---

[1] 荀悦：《汉纪·惠帝纪》卷五，载《两汉纪》上，中华书局2002年版。

在这段话中，荀悦对治国体制是实行郡县还是实行分封作出了自己的评判：肯定分封，否定郡县。在荀悦看来，分封的好处是圣王"与天下同之"，能体现亲民、公而无私，而前提则是"王者总其一统"，三代实行的就是这种体制。而郡县体制则是一种威权政治，以天下为私，秦实行的即是这种体制。认为汉代实行郡国并行体制，导致六王、七国之乱，问题不是出在诸侯治国，而在于皇权过弱。后来削藩实行郡县，只是一种权宜之制，并非"百王之法"。荀悦通倡导分封、反对郡县之论，一方面是史家对历史的一种自觉认识，另一方面又是以易学为其依据的。"先王建万国，亲诸侯"一语，出自《比卦》象辞，是《易》对于如何统理、协和万邦所表达出的一种政治观，同时也成为《汉纪》肯定分封体制的理论依据。

很显然，上述荀悦结合《周易》关于历史人与事的评述，已经脱离了汉易喜言灾异的传统，而是表现出明显的即事明理的解易特点。诚如学者所言，荀悦

"对《易》的解说和汉代的孟、京之易有很大的不同。"[1]这种重视对于义理的探讨,既是荀悦易学重义理的表现,也是其历史认识重人事特点的体现。

三、"综往昭来,永监后昆"的易理依据

"综往昭来,永监后昆"[2]是荀悦的历史目的论。荀悦认为,历史研究即是要通过"通古今"以"综往昭来",总结过往历史的经验教训而为后世作借鉴。"通古今"是前提,而"综往昭来,永监后昆"则是目的。荀悦的这一史学思想,同样是与易学思想相通的,《易》的"通其变"和"彰往而察来"思想,即是这一历史目的论的理论依据。

首先,"通其变"与《汉纪》的"通古今"旨趣。"通变"是《周易》的中心观念。《系辞下》所谓"《易》穷则变,变则通,通则久"[3],堪称为《周易》关于通变思想的经典表述。在《周易》看来,无论是自然界还是

---

[1] 吴怀祺:《易学与史学》,中国书店2004年版,第90页。
[2] 荀悦:《汉纪·平帝纪》卷三十,载《两汉纪》上,中华书局2002年版。
[3] 《周易·系辞下》,《十三经注疏》本,中华书局1980年版。

人类社会，变动和转化都是普遍存在的，比如日往月来、四季更迭、寒暑循环、人事得失、国家治乱等等，无不如此。从自然界来讲，万物盈虚消长是普遍的、永恒的，所谓"阖户谓之坤，辟户谓之乾。一阖一闭谓之变，往来不穷谓之通。"[1] 从社会历史而言，远古以来的社会进化，都是古圣王"通其变，使民不倦"[2]的结果。

《周易》的通变思想对于荀悦《汉纪》的古今观有重要影响，《汉纪》提出的"立典有五志"论中，其第三"志"即是"通古今"[3]。《汉纪》虽然是断代编年体，却是以"通古今"作为主要撰述旨趣之一的。《汉纪》的叙事，往往具有贯通意识。如上文关于汉代"诸侯之制"的评述，《汉纪》并没有就汉代而论汉代，而是对三代以来的诸侯之制进行了系统论述。正是通过对于历史过程的详细考察，荀悦由此得出分封为公天下之制，而郡县乃私天下之制的结论，并且指出周的分封最终亡国在于周室卑微与诸侯强大、汉初分封出现

---

[1] 《周易·系辞上》，《十三经注疏》本，中华书局1980年版。
[2] 《周易·系辞下》，《十三经注疏》本，中华书局1980年版。
[3] 荀悦：《汉纪·高祖纪》卷一，载《两汉纪》上，中华书局2002年版。

第五章 《汉纪》的以易解史

诸侯之乱在于王权不够强大而非诸侯治国之制。这种分封与郡县之论,代表的是《汉纪》一家之言,我们可以不作评价。但是,《汉纪》得出了这一认识,无疑是贯通古今历史发展变化的结果,体现了其"通古今"的思想。当然,"通古今"不但是为了形成对历史的整体看法,而且还有"监前之弊"的作用,所谓"监前之弊,变而通之"。[1] 也就是说,"通古今"是为了更好地考察前朝弊政、改革前朝弊政的需要。如荀悦认为,三代推行分封制度,前期之所以成功,是因为王者一统、诸侯虚弱的政治格局,周代后期之所以失败,是因为周室衰落、诸侯强大。面对这样一种历史变化,秦朝接续周朝而建,却"不能正其制以求其中,而遂废诸侯,改为郡县",结果导致败亡,这是"承弊"却不知道"救弊"所致。[2] 在分析"立策决胜之术"时,《汉纪》将其基本因素分为三个:"一曰形,二曰势,三曰情。形者,言其大体得失之数也;势者,言其临时之宜也,进退之机也;情者,言其心志可否之意也。故

---

[1] 荀悦:《汉纪·惠帝纪》卷五,载《两汉纪》上,中华书局2002年版。
[2] 荀悦:《汉纪·惠帝纪》卷五,载《两汉纪》上,中华书局2002年版。

策同事等而功殊者何？三术不同也。"[1]并以此为根据，分析楚汉之争具体战例，来论证"与时迁移，应物变化"的重要性。当然，《汉纪》也在贯通意识指导下，具体论述了西汉历史上通过改革弊政、重新实现国家长治久安的不少事例，从而从正反两面说明通其变以革除弊政对于促进社会发展的重要作用。

其次，"《易》彰往而察来"与《汉纪》的综往鉴来思想。《周易》所讲的"彰往而察来"[2]，即是指彰著往昔的变故而察辨将来的事态。韩康伯注曰："易无往不彰，无来不察，而微以之显，幽以之阐。"[3]孔颖达疏："往事必载，是彰往也。来事豫占，是察来也"。[4]这些《易》注者都高度肯定了易学的这一功能。而钱澄之引吴幼清的话说："彰往，即藏往也，谓明于天之道，而彰明以往之理；察来，即知来也，谓察于民之故而觉未来之事"[5]，则是揭示了"往"和"来"之间的密切联系，

---

[1] 荀悦:《汉纪·高祖纪》卷二，载《两汉纪》上，中华书局2002年版。
[2] 《周易·系辞下》，《十三经注疏》本，中华书局1980年版。
[3] 王弼:《周易注》，楼宇烈校释本，中华书局2011年版，第369页。
[4] 孔颖达:《周易正义》，北京大学出版社1999年版，第311页。
[5] 钱澄之:《田间易学》，吴怀祺校点本，黄山书社1998年版，第682页。

第五章 《汉纪》的以易解史

肯定历史知识的价值和作用。其实,《易》本卜筮之书,不管通过什么样的形式进行占卜,也不管所得的是什么样的卦象,实际上,在逻辑思维不太发达的古代学术氛围中,人们在具体根据所卜得的卦象进行解卦时,所依赖的主要还是一些与所占卜事项有关联性的以往的经验性知识,在此基础上对正在实施或即将实施的行为的结局进行预测。在这一意义上,《周易》其实就是对以往各种占卜情况的一种记录。从另一视角看,这本身就是对远古时期人类历史活动的记录。如果将卜筮的视角进行宏观性的扩展,《周易》所卜筮的不是某一个人、某一件事,而是一个群体或一个民族、一个国家;而对于群体、民族或国家前途的关注,则是历史学的应有使命。《周易》的彰往察来,从个人来看,即是要"多识前言往行,以畜其德"[1]。这里所谓"前言往行",即是指过往历史;"以畜其德",则是通过学习历史知识、总结历史经验,扩展眼界、提高品德修养和处理事务的能力,以更好把握现在,判断未来。从群体来看,这种关于历史的认识,对于治家、治国都

[1] 《周易·大畜·象辞》,《十三经注疏》本,中华书局1980年版。

有非常重要的意义。"积善之家，必有余庆；积不善之家，必有余殃。臣弑其君，子弑其父，非一朝一夕之故，其所由来者渐矣。由辩之不早辩也。"[1]只有认真学习历史知识，吸取历史教训，"早辩"之，就能够避免此类事件的发生。

《周易》的彰往察来思想对荀悦有重要影响，《汉纪》以"综往昭来，永监后昆"为历史撰述目的，便是受到易学这一思想影响的结果。《平帝纪》赞语说："《易》称'多识前言往行，以畜其德'。《诗》云'古训是式'。中兴已前一时之事，明主贤臣，规模法则，得失之轨，亦足以监矣。撰《汉书》百篇，以综往事，庶几来者亦有监乎此。"[2]在此荀悦以《易》《诗》为据，肯定班固《汉书》综往监来的撰述旨趣，而在随后的史论中，荀悦明确指出了所作《汉纪》的撰述旨趣即是"综往昭来，永监后昆"。

这里所谓"综往昭来"，"综往"即是探究和认识过往的历史，"昭来"则是为未来发展作出正确的预判。很显然，正确把握过往历史是做出未来准确预判

---

[1]《周易·坤·文言》，《十三经注疏》本，中华书局1980年版。
[2]《汉纪·平帝纪》卷三十，载《两汉纪》上，中华书局2002年版。

第五章 《汉纪》的以易解史

的先决条件，而这，就为我们的历史认识提出了真实性的要求。《汉纪》崇尚"言必核其真，然后信之；物必核其真，然后用之；事必核其真，然后修之"[1]的作史态度，秉承了传统史学的直书精神。如在《汉纪》中，荀悦对西汉赋税繁重、民力凋敝的真实情况作了揭露。荀悦并不否定西汉皇朝是实行轻徭薄赋政策的，故而他说："古者什一而税，以为天下之中正也。今汉民或百一而税，可谓鲜矣。"[2]肯定西汉皇朝的徭薄赋政策。然而，《汉纪》却能透过这种历史的表象，而去反映历史的真实。荀悦认为，"百一而税"政策只是反映了西汉国家赋税的减轻，却并不表示老百姓的负担因此也减轻了。实际上，西汉老百姓的赋税负担依然还是非常繁重的。造成这种现象的根本原因在于土地问题，西汉皇朝从立国之时起，就一直存在着严重的土地兼并现象。广占土地的豪富们，总是对老百姓科以重赋，老百姓的负担并没有因国家的轻徭薄赋政策而变轻。故而荀悦说："豪强富人占田逾侈，输其赋太半。官收

---

[1] 荀悦：《汉纪·元帝纪》卷二十二，载《两汉纪》上，中华书局2002年版。

[2] 荀悦：《汉纪·文帝纪》卷八，载《两汉纪》上，中华书局2002年版。

百一之税,民收太半之赋。官家之惠优于三代,豪强之暴酷于亡秦。是以上惠不通,威福分于豪强也。"[1] 再如前文关于汉文帝用人政策的批评,也是其直书精神的具体体现。值得注意的是,《汉纪》还重视对于历史认识真实性的检验,而"在检验历史认识正确与否的标准问题上,荀悦继承王充关于'效验'的思想,要求人们的主观认识必须与客观事实相参验,认为'真实'是认识与事功的根本所在,强调以'真实'作为检验认识的标准。"[2]

所谓"永监后昆",则是指以史为鉴问题。人们通过总结历史经验教训,目的是为了给时人与后人以历史启示,以资借鉴,这既是历史撰述的目的论,也是历史撰述的价值论。《汉纪》乃受命编纂而成,故而其现实功用性很强,所以荀悦开篇即说:"昔在上圣,唯建皇极,经纬天地,观象立法,乃作书契,以通宇宙,扬于王庭,厥用大焉。先王以光演大业,肆于时夏,

---

[1] 荀悦:《汉纪·文帝纪》卷八,载《两汉纪》上,中华书局 2002 年版,第 114 页。

[2] 庞天佑:《论荀悦的历史认识论》,《史学月刊》2005 年第 2 期。

第五章 《汉纪》的以易解史

亦唯翼翼，以监厥后，永世作典。"[1] 这里所谓上圣"乃作书契"、先王"永世作典"，旨在"以监厥后"，为后世作垂范。在《汉纪·自序》中，荀悦对于《汉纪》编纂立意作了说明，其曰："凡《汉纪》有法式焉，有监戒焉；有废乱焉，有持平焉；有兵略焉，有政化焉；有休祥焉，有灾异焉"。将"监戒"作为历史撰述的重要旨趣和取材原则。上述《平帝纪》赞语中所谓"一时之事，明主贤臣，规模法则，得失之轨，亦足以鉴矣"、"《汉书》百篇，以综往事，庶几来者亦有鉴乎此"等语，也显然都是在谈历史借鉴问题。同样是在这篇赞语中，荀悦还详细叙述了《汉纪》的撰述动机："惟汉四百二十有六载，皇帝拔乱反正，统武兴文，永惟祖宗之洪业，思光启于万嗣，阐综大猷，命立国典，以及群籍，于是乃作考旧，通连体要，以述《汉纪》。"[2] 这里"启于万嗣"，表达了荀悦希望汉朝盛业能够永传于后的愿望；而作《汉纪》，所属意的即是历史对于后

---

[1] 荀悦：《汉纪·高祖纪》卷一，载《两汉纪》上，中华书局2002年版，第1页。
[2] 荀悦：《汉纪·平帝纪》卷三十，载《两汉纪》上，中华书局2002年版，第547页。

世的价值。

综上所述，荀悦《汉纪》的以易解史，主要体现在宣扬天命史观、重人事思想和综往鉴来的史学目的论三个方面。荀悦宣扬天命史观的哲理基础是《周易》的天道理论，其重人事思想则是突破汉易好言灾异、转向义理易学讲究事理的体现，而综往鉴来的史学目的论则是以《易》的"通其变""彰往而察来"以及"多识前言往行，以畜其德"等思想为理论依据的。

第六章　司马光历史盛衰论的易学思维特征

司马光殚精竭虑19年而著成的《资治通鉴》一书，通篇贯穿的一个基本思想，便是着重探讨历史尤其王朝政治的治乱兴衰，正如《进〈资治通鉴〉表》所说的，是"专取关国家兴衰，系生民休戚，善可为法，恶可为戒者，为编年一书"。已往论者对司马光历史盛衰论作出了很多总结，不足之处是对司马光历史盛衰论的哲理基础缺少深入分析。事实上，司马光历史盛衰论的哲理基础是他的易学思维。

一、"天地万物皆有消息盈虚"

"易道始于天地,终于人事。"[1]司马光论证社会人事变动及其规律,注重从探讨易道变化之理入手。众所周知《周易》最重要、最基本的思维方式是变易思维。《易》之题名,即取变化之义,是"变化之总名,改换之殊称"[2]。《易》之为书,则以变易为其内蕴,"《易》之为书也不可远,为道也屡迁,变动不居,周流六虚,上下无常,刚柔相易,不可为典要,唯变所适"[3]。司马光从本体论高度对易即变易进行了阐释。他释《系辞上》"易有太极"说:"太极者何?阴阳混一"[4],认为作为世界本源之太极,是阴阳混一之物,以阴阳为本体。而阴阳者何?"阴阳者,易之本体,万物之所聚。"[5]肯定易由阴阳构成,以阴阳为体;而阴阳由万物

---

[1] 司马光:《温公易说》卷五,上海古籍出版社1989年版。
[2] 孔颖达:《周易正义·序》,《十三经注疏》本,中华书局1980年版。
[3] 《易传·系辞下》,《十三经注疏》本,中华书局1980年版。
[4] 司马光:《温公易说》卷五,上海古籍出版社1989年版。
[5] 司马光:《温公易说》卷五,上海古籍出版社1989年版。

第六章　司马光历史盛衰论的易学思维特征

构成。由此可知，宇宙是以太极为本源，以阴阳为本体的；而易道广大，"凡宇宙之间皆易也"[1]，"易有太极，一之谓也"[2]，易亦以阴阳为本体。很显然，太极是宇宙万物未分混一之时，阴阳是宇宙万物积聚成形之时，而易道乃宇宙万物自然之法则。统而言之，易道、太极、万物莫不以阴阳为体。在对易之本体作出界定后，司马光明确肯定易道的变化，其实就是阴阳变化，"易者，阴阳之变也"[3]，"阴阳之交际，变化之本原也"[4]。也就是说，宇宙万物的生生不息，其实就是事物内部阴阳交际或矛盾的结果。而阴阳交际为何能导致宇宙万物的生息变化，司马光认为这是"阴阳相殊"，即阴阳的差异性所决定的。司马光认为，阴阳既有相互依赖的一面，"阳非阴则不成，阴非阳则不生，阴阳之道，表里相承"[5]。同时又有相互排斥的一面，即"不齐"性，阳具"刚健"之性，阴具"柔顺"之性，阴阳、乾坤、

---

[1] 司马光：《温公易说·易总论》，上海古籍出版社1989年版。
[2] 司马光：《温公易说》卷五，上海古籍出版社1989年版。
[3] 司马光：《温公易说·易总论》，上海古籍出版社1989年版。
[4] 司马光：《温公易说》卷二，上海古籍出版社1989年版。
[5] 司马光：《温公易说》卷一，上海古籍出版社1989年版。

刚柔、健顺"各守一德，以生万物"[1]。也就是说，阴阳相须、相互依赖，体现了事物的稳定；阴阳交际、相互矛盾，则体现了事物的变化。司马光还进一步对阴阳变化规律进行了论述。司马光说："物极则反，天地之常也。"[2] 事物的阴阳之变呈一种"物极必反"律，"阴极则阳生，阳极则阴生"[3]，"阳盛则阴微，阴盛则阳微"[4] 认为阴阳二者"一往一来，迭为宾主"[5]。由于天地万物皆以阴阳为体，因此"天地万物皆有消息盈虚"[6]。阴阳盛衰消长是普遍存在于宇宙万物之中的。

司马光认为，既然易道主变，"天地万物皆有消息盈虚"，因此，人类社会历史不仅有运动变化，而且也呈现治乱盛衰之变动。在司马光看来，"阴阳之相生，昼夜之相承，善恶之相倾，治乱之相仍，得失之相乖，吉凶之相反，皆天人自然之理也"[7]。反观北

---

[1] 司马光：《温公易说》卷五，上海古籍出版社1989年版。
[2] 司马光：《温公易说》卷二，上海古籍出版社1989年版。
[3] 司马光：《温公易说》卷六，上海古籍出版社1989年版。
[4] 司马光：《温公易说》卷五，上海古籍出版社1989年版。
[5] 司马光：《温公易说》卷五，上海古籍出版社1989年版。
[6] 司马光：《温公易说》卷五，上海古籍出版社1989年版。
[7] 司马光：《温公易说》卷六，上海古籍出版社1989年版。

第六章　司马光历史盛衰论的易学思维特征

宋以前中国历史发展总象,首先,司马光肯定从上古到三代,历史是不断进步、不断发展的。他说:"上古之民,处于草野,未知农桑,但逐捕禽兽,食其肉,衣其皮"[1],古朴而未开化。以后伏羲氏出,教民"为罟网";神农氏出,"教民播种百谷";黄帝有熊氏出,"始制轩冕,垂衣裳。贵有常尊,贱有等威,使上下有序,各安其分,而天下大治",人类历史才正式进入"礼义教化"时代。[2]很显然,在司马光看来,上古社会一方面非常古朴、不开化,一方面又在不断地进步、发展。人类社会正是通过这种不断的进步,才告别了洪荒时代,而进入文明的门槛。其次,认为三代是一个"本仁祖义,任贤使能,赏善罚恶,禁暴诛乱"的盛世。值得注意的是,司马光在评述三代历史时,提出了"王霸无异道"的观点。他认为"昔三代之隆,礼乐、征伐自天子出,则谓之王。天子微弱不能治诸侯,诸侯有能率其与国同讨不庭以尊王室者,则谓之霸。其所以行之也,皆本仁祖义,任贤使能,赏善罚恶,禁暴诛乱;顾名位有尊卑,德泽有深浅,功业有巨细,政

---

[1]　司马光:《温公易说》卷一,上海古籍出版社1989年版。
[2]　司马光:《稽古录》卷一,北京师范大学出版社1988年版。

令有广狭耳,非若白黑、甘苦之相反也"[1]。众所周知,自孟子区分大道为王道、霸道,认为王道是仁政,霸道是力政,这种观点对后世影响很大。宋代理学家程颐、朱熹为代表,接受并发挥这一思想,认为三代顺理而治,是王道;汉唐以智力把持天下,是霸道。他们把历史截然分成王道、霸道两个不同阶段。司马光提出不同的看法,肯定王、霸无异道,认为它们"皆本仁祖义,任贤使能,赏善罚恶,禁暴诛乱",所不同的只是各自"名位有尊卑,德泽有深浅,功业有巨细,政令有广狭",因此,王、霸并非"若白黑、甘苦之相反也";明确指出三代既有王道,也有霸道。当三代隆盛之时,推行的是王道政治,其时王者"合万国而君之,立法度,班号令,而天下莫敢违者"[2],"礼乐征伐自天子出"。而三代后期推行的是霸道政治,此时王德渐衰,天子微弱,无法号令天下,一些强大诸侯"率其与国同讨不庭以尊王室"。因此,王、霸两种政治是共存于三代之时的。再次,认为汉唐历史总体上是逐渐衰落的。司马光认为两汉时代"虽不能若三

---

[1] 司马光:《资治通鉴》卷二十七,汉纪十九,中华书局1956年版。
[2] 司马光:《资治通鉴》卷六十九,魏纪一,中华书局1956年版。

第六章 司马光历史盛衰论的易学思维特征

代之盛王,然犹尊君卑臣,敦尚名节",是一个遵守礼法的社会,值得称道;魏晋以降,社会"风俗日坏,入于偷薄,叛君不以为耻,犯上不以为非,惟利是从,不顾名节",是一个道德逐渐沦丧的时代;唐代进一步衰落,这个时代社会已"不复论尊卑之序、是非之理";而到了五代,历史已衰落至极限,这个时代"天下荡然莫知礼义为何物矣"。[1] 最后,认为北宋前期是一个新的太平盛世,"大禹之迹悉为宋有"。司马光对宋朝开国君主太祖、太宗的业绩给予充分肯定,说"太祖宵衣旰食,栉风沐雨,勤求贤俊,明慎诛赏",而"太宗继统,述修前绪"。[2] 认为宋朝社会经过太祖、太宗两朝的励精图治,已经初成太平盛世局面。他说:"盖自宋兴二十年,然后大禹之迹复混而为一,以至于今八十有五年矣。朝廷清明,四方无虞,戎狄顺轨,群生遂性,民有自高曾以来,未尝识战斗之事者。盖自古太平未有若今之久也。"[3] 认为这一时期社会政治清

---

[1] 均见司马光《司马文正公传家集》卷二十四,《上谨习疏》,商务印书馆1937年版。
[2] 司马光:《稽古录》卷十六,北京师范大学出版社1988年版。
[3] 司马光:《稽古录》卷十六,北京师范大学出版社1988年版。

明，经济繁荣，礼义教化行于天下，"吏守法度，民安生业，鸡鸣狗吠，烟火相望。可谓太平之极致，自古所罕俟矣"[1]。很显然，在司马光看来，他以前的中国历史是呈一种盛衰交替规律而向前发展的。社会在经过上古时期的不断进化、发展后，终于出现了三代的盛世局面。物极必反，盛极而衰，三代之后，历经汉唐的逐渐衰败，五代而为极致，这是一个盛极之后的历史衰败期。北宋建基以后，经过宋初几十年的励精图治，又迎来了一个新的太平盛世时代。

司马光认为，不仅中国历史大势呈盛衰交替变化，具体到每一个朝代的历史，也都有一个盛衰之变。如东汉历史，在汉光武帝、明帝、章帝之时，风俗优美，"忠信廉耻，几于三代"；孝和以后"政令寖弛，外戚专权，近习放恣。然犹有骨鲠忠烈之臣，忘身以殉国，故虽衰而不亡"；而到桓、灵之时，国家已"纪纲大坏，废锢英俊，贼虐忠正，嬖幸之党，中外盘结，鬻狱卖官，浊乱四海"[2]。司马光明确将东汉的历史分成

---

[1] 司马光：《司马文正公传家集》卷四十九，《请革葬札子》，商务印书馆1937年版。

[2] 均见司马光：《稽古录》卷十三，北京师范大学出版社1988年版。

第六章 司马光历史盛衰论的易学思维特征

兴、衰、亡三阶段。又如唐朝历史，司马光肯定贞观之治是"三代以还，中国之盛，未之有也"；开元政治，"浸淫于贞观之风矣"。这两个时期无疑是唐朝最强盛的时期。安史之乱是唐朝历史的转折点，此后唐肃宗、代宗，是"武不足以决疑，明不足以烛理"之君，"唐之纪纲大坏，不可复振，则肃、代之为也"。这是唐朝历史由盛转衰的阶段。到唐宪宗时期，宪宗"聪明果决，得于天性""百年之忧，一旦廓然矣"。唐朝历史出现了中兴的局面。然而宪宗之治只是昙花一现，之后唐朝历史又很快逐渐衰落下去。到僖、昭之时，"天禄已去，民心已离"，唐朝终于衰败而不可挽回。[1]在司马光看来，唐朝三百年历史，其实经历了一个一盛一衰、再盛再衰、终于灭亡的过程，盛衰交替非常明显。

综上所述，我们认为司马光的历史盛衰论无疑是以其易学思想作为哲理基础的。他肯定易道乃阴阳之变，阴阳之变呈盛衰消长规律。而易道广大，它"始于天地，终于人事"，人类社会历史与易道同，也变化不息，且呈盛衰消长、治乱相仍之规律。司马光据

---

[1] 均见司马光：《稽古录》卷十五，北京师范大学出版社1988年版。

此对他以前中国历史的盛衰之变所作的系统阐述，从总体上看，应该是一种历史循环论，但同时又夹杂着历史进化观与倒退的历史观点。这是折中主义思想的表现，他肯定上古时代是一个未开化的时代，是通过不断的进化才最终迎来三代盛世局面的，这无疑是一种进化论的观点；他认为三代以后至北宋以前的历史是一个不断退化、衰败的历史，这显然不完全符合历史事实，这种历史退化论的观点，说明司马光终究未能抛弃儒家美化三代、贬低汉唐的传统；他认为中国历史历经五代衰极之后，北宋初年又迎来了一个新的太平盛世。因此，历史的总体发展大势，仍然还是治乱盛衰相交替的，是循环着向前延伸的。值得注意的是，司马光关于三代历史的"王霸无异道"之论，却有其新义。他否定儒家将王霸相对立的传统观点，肯定王道、霸道皆是"本仁祖义"的，它们之间只有名位、德泽、功业、政令上的量的差别，而无质的不同。这种"王霸无异道"之论，在司马光生活的那个内忧外患的北宋中期，无疑有着积极的时代内蕴，他是希望统治者不要过多地顾忌王霸之异，而应努力去改变当时的积贫积弱局面，以使太祖、太宗开创的宋朝太平盛世传延下来。

二、"君者所以治人而成天之功"

司马光肯定天地万物呈盛衰消长之变，而万物盛衰消长的根本原因，在于万物之本体阴阳的相互交际。以易道观人道，人类社会的历史也呈现着一治一乱、一盛一衰之发展总象。那么，人类社会治乱兴衰的决定因素究竟是什么？司马光认为是人君。他释泰卦说："象曰：后以财成天地之道,辅相天地之宜。何也？夫万物，生之者天也，成之者地也，天地能生成之而不能治也。君者所以治人而成天地之功也，非后则天地何以得通乎！"[1]明确认为天地生成万物，却无法治理万物；而人君却能"治人而成天地之功"，使天地得以相通。又说："天地能示人法象而不能教也，能生成万物而不能治也，圣人教而治之,以成天地之能。"[2]这里圣人即是指圣君。认为只有圣君才能观象作器，以教民治民，从而"成天地之能"。很显然，在司马光

---

[1] 司马光:《温公易说》卷二，上海古籍出版社1989年版。

[2] 司马光:《温公易说》卷六，上海古籍出版社1989年版。

看来，天地是造物主，而人君则是统治民众，成就天地之功的人。因此，人类社会历史的治乱兴衰，是由统治万民的人君所决定的。

既然人君肩负着治理万民，成就天地之功的重任，那么人君应该具备怎样的素质，才履行这一职责，完成这一重任呢？曰：难之也。司马光认为首先必须要有君德。他释师卦卦辞"贞丈人吉，无咎"说："师，贞丈人吉，无咎。何也？曰：难之也。夫治众，天下之大事也，非圣人则不能。夫众之所服者武也，所从者智也，所亲者仁也，三者不备而能用其众，未之有也。然或得之小，或得之大，或用之邪，或用之正，邪正小大之道，其得失吉凶，相去远矣。彼小人者，以矫矫为武，瞯瞯为智，煦煦为仁，众人亦有悦而从之者，所谓小也。圣人者，以正人为武，安人为智，利人为仁，天下皆悦而从之，所谓大也。夫小人之得众也，以为上则暴，以为下则乱，故谓之邪。圣人之得众也，所以禁暴而止乱也，故谓之正。夫众，非小人之所用也，小人用之以为不正，咎孰大焉！"[1] 司马光站在易道的

---

[1] 司马光：《温公易说》卷一，上海古籍出版社 1989 年版。

第六章 司马光历史盛衰论的易学思维特征

高度，肯定了"治众"这种天下大事只有圣人才能胜任，因为圣人具备武、智、仁三德；同时指出武、智、仁对于圣人和小人而言，其具体内含是不同的，圣人"以正人为武，安人为智，利人为仁"，小人则"以矫矫为武，瞯瞯为智，煦煦为仁"，虽然他们据此都能"得众"，却有着邪正小大之别，不可相提并论。在《进修心治国之要札子》、《资治通鉴》"臣光曰"、《历年图后序》、《稽古录》等文章著作中，司马光还多次反复谈论过"人君之德"问题，认为作为决定国家治乱安危的人君，应该具备仁、明、武三德，三者皆备，则国治强；"阙一则衰，阙二则危，皆无一焉则亡"[1]。并说他"平生力学所得，至精至要，尽在于是。"[2]

仁、明、武（或曰武、智、仁）三德是就人君内圣角度而言的，是未发之际，而这种"人君之德"之发外为用，则表现为任官、信赏、必罚（或曰用人、赏功、罚罪）。司马光说："人君之德三，曰仁，曰明，曰武；致治之道三，曰任官，曰信赏，曰必罚……夫

---

[1] 司马光：《稽古录》卷十六，北京师范大学出版社1988年版。
[2] 司马光：《温国文正司马公文集》卷三十六，《初除中丞上殿札子》，四部丛刊本。

治乱安危存亡之本源,皆在人君之心。仁、明、武,所出于内者也。用人、赏功、罚罪,所施于外者也。"[1]很显然,仁、明、武与用人、赏功、罚罪三政的关系,是修身与治国、内圣与外王、未发与已发的关系。仁、明、武三德,要通过用人、赏功、罚罪这三项具体措施来加以体现。司马光重视赏功、罚罪,严明法纪,他释明夷卦"上六之象"说:"上六之象,其言失则何? 国家之所以立者,法也。故为工者,规矩绳墨不可去也;为国者,礼乐法度不可失也。"[2]指出人君要推行赏罚之政,就必须要掌握爵、禄、废、置、杀、生、予、夺之"八柄",认为"凡人君所以能有其臣民者,以八柄存乎己也"[3]。而用人、赏功、罚罪三条致治之道的中心点无疑是用人,这是人君致治的根本途径。司马光说:"何谓人君之道一? 曰:用人是也。"[4]他一方面肯定人才在治国安民中的重要作用。如释蒙卦六五"童蒙吉"说:"童蒙者何以吉也? 得人而信使

---

[1] 司马光:《温国文正司马公文集》卷四十六,《进修心治国之要札子》,四部丛刊本。

[2] 司马光:《温公易说》卷三,上海古籍出版社1989年版。

[3] 司马光:《资治通鉴》卷二二〇,唐纪三十六,中华书局1956年版。

[4] 司马光:《稽古录》卷十六,北京师范大学出版社1988年版。

第六章　司马光历史盛衰论的易学思维特征

之也。昔齐桓公、卫灵公之行，犬彘之所不为也，然而大则霸诸侯，小则有一国，其故何哉？有管仲、仲叔圉、祝鮀、王孙贾为之辅也。二君者，天下之不肖君也，得贤人而信使之，犹且安其身而收其功，况明哲之君用忠良之臣者乎！"[1] 认为行为连猪、狗都不如的齐桓公、卫灵公，竟能或称霸或保国，原因就在于他们能"得贤人而信使之"。在释蛊卦初六"干父之蛊"时，他又以秦始皇、汉武帝做比较，肯定人才的重要性。他说："以秦始、汉武之奢之太骄暴，相远也无几耳。始皇得胡亥以为子，李斯以为臣，不旋踵而亡矣，天下后世之言恶者必归焉。武帝得昭帝以为子，霍光以为臣，而国家人宁，后世称之为明君。"[2] 另一方面又从易道的高度论证了用人对于治国安民的必要性。司马光说："四海之广，虽圣人不能独治；万机之众，虽圣人不能遍知。是故设官以分其事，量能而授之任。"[3] 人君必须依靠广大臣僚，一同来治理国家。他认为易

---

[1] 司马光：《温公易说》卷一，上海古籍出版社 1989 年版。
[2] 司马光：《温公易说》卷二，上海古籍出版社 1989 年版。
[3] 司马光：《司马文正公传家集》卷六十七，《百官表总序》，商务印书馆 1937 年版。

道阴阳表里相承,共成万物,而君为阳,臣为阴,因此,君与臣也必须结为一体,共治国家。他说:"物以阳生,得阴而成。令由君出,得臣而行。故阳而不阴,则万物伤矣;君而不臣,则百职旷矣。阴阳同功,君臣同体,天之经也,人之纪也。"[1]很显然,在司马光看来,有阳无阴不能成万物,有君无臣不能成国家,人君用人是致治之道,也是易之大道。

在《稽古录》卷十六中,司马光还从"才"的角度将人君分为五等。他说:"何谓人君之才五?曰创业,曰守成,曰陵夷,曰中兴,曰乱亡。"认为创业之君是"智勇冠一时"者,守成之君是"中才能自修者",陵夷之君是"中才不自修者",中兴之君是"才过人而善自强者",乱亡之君是"下愚不可移者"。才与德无疑都是就人君的素质而言的。在司马光看来,人君三德以及发外为用之三政、之一道,无疑对国家治乱兴衰起着决定性的作用,而君之"才",同样对国家治乱兴衰起着决定性的作用。他说:"夫道有失得,故政有治乱。德有高下,故功有小大。才有美恶,故世有兴

---

[1] 司马光:《温公易说》卷一,上海古籍出版社 1989 年版。

第六章　司马光历史盛衰论的易学思维特征

衰。上自生民之初，下逮天地之末，有国家者，虽变化万端，不外是矣。"[1] 很显然，在司马光看来，君道、君德和君才构成一个整体，历史的治乱兴衰取决于人君，其实也就是取决于君道、君德和君才的得失、高下与美恶。

当然，人君有道、有德、有才，这无疑是能治理好国家的先决的、必备的和重要的条件，但却不是全部的条件。司马光认为人君治国，还必须要依靠礼制，这是国之纪纲。司马光在《资治通鉴》开篇就阐明了"礼为纪纲"的思想，他说："臣闻天子之职莫大于礼，礼莫大于分，分莫大于名。何谓礼？纪纲是也。何谓分？君、臣是也。何谓名？公、侯、卿、大夫是也。夫以四海之广，兆民之众，受制于人，虽有绝伦之力，高世之智，莫不奔走而服役者，岂非以礼为之纪纲哉！"[2] 司马光曾作《体图》一幅，以象数相配，得十等五十五体，详细图示出了封建社会各种上下等级关系。其十等为"一等象王，二等象公，三等象岳，四等象牧，五等象率，六等象侯，七等象卿，八等象

---

[1] 司马光：《稽古录》卷十六，北京师范大学出版社1988年版。
[2] 司马光：《资治通鉴》卷一，周纪一，中华书局1956年版。

大夫，九等象士，十等象庶人。"认为"一以治万，少以制众，其惟纲纪乎！纲纪立而治具成矣"[1]。而五十五体又分左右上下，"体有左右，辨宾主也；有上下，辨尊卑也。左右上下，递纯递绌，以兴天下之治，以成天下之业，故能若纲在纲，若臂使指，无尾大不掉之患"[2]。正是依靠这种不可逾越的封建纲常等级关系，"一以治万"的封建专制政治才得以推行。司马光还从易道的高度论证了实行礼治的必要性。认为易道的基本原则一是阴阳之合，一是阴阳之分。从阴阳之合的角度而言，是"阴阳同功，君臣同体"；从阴阳之分的角度而言，则阴阳有别，君尊臣卑。阴阳之合是易道的本质，阴阳之分也是易道的本质。因此，礼为纪纲是天经地义的。司马光释履卦象辞说："履者何？人之所履也。人之所履者何？礼之谓也。人有礼则生，无礼则死，礼者人所履之常也。其曰辨上下，定民志者何？夫民生有欲，喜进务得而不可厌者也，不以礼节之，则贪淫侈溢而无穷也。是故先王作，为礼以治

---

[1] 司马光：《温公潜虚》，载《宋元学案·涑水学案下》，中华书局1980年版。

[2] 录张敦实语，转引自《宋元学案·涑水学案下》，中华书局1980年版。

之,使尊卑有等,长幼有伦,内外有别,亲疏有序,然后上下各安其分而无觊觎之心,此先王制世御民之方也。"[1]明确肯定了礼是"人所履之常",是"先王制世御民之方"。司马光还进一步论证了礼在小到修身,大到治国平天下中的作用,他说:"礼之为物大矣!用之于身,则动静有法而百行备焉;用之于家,则内外有别而九族睦焉;用之于乡,则长幼有伦而俗化美焉;用之于国,则君臣有叙而政治成焉;用之于天下,则诸侯顺服而纪纲正焉。"[2]如他在释家人卦"利女贞"时,就具体论述了以礼正家以及对治国平天下的作用,他说:"象曰:家人,女正位乎内,男正位乎外,男女正,天地之大义也。家人有严君焉,父母之谓也。父父、子子、兄兄、弟弟、夫夫、妇妇而家道正,正象而天下定矣。"[3]在司马光看来,礼不仅可以防乱,还能起到缉乱的作用,他释屯卦象辞"云雷屯,君子以经纶"说:"《象》曰:君子以经纶。经纶者何,犹云纲纪也。屯者,结之不解者也。结而不解则乱,乱而不

---

[1] 司马光:《温公易说》卷一,上海古籍出版社1989年版。
[2] 司马光:《资治通鉴》卷十一,汉纪三,中华书局1956年版。
[3] 司马光:《温公易说》卷三,上海古籍出版社1989年版。

缉则穷。是以君子设纲布纪以缉其乱，解其结，然后物得其分，事得其序，治屯之道也。"[1]强调了礼在屯难之世，对缉乱反正所起的作用。司马光还结合史实，从正反两个方面阐述了礼在治国安邦过程中的作用。如他评论中唐以后的藩镇割据，认为形成的原因在于唐朝"治军无礼"。他说："古者治军必本于礼，故晋文公城濮之战，见其师少长有礼，知其可用。今唐治军不顾礼，使士卒得以陵偏裨，偏裨得以陵将帅，则将帅之陵天子，自然之势也。"[2]认为宋代虽然接续唐末、五代百余年混乱之后而建立，却很快根除了这种混乱现象，究其因，就在于"太祖、太宗知天下之祸生于无礼"，而断然采取"阶级之法"，以使"上下之叙正而纪纲之"。[3]

司马光从易道的高度肯定天地是造物主，而人君是"治人而成天地之功"者，是社会历史治乱兴衰的决定者。这无疑是一种英雄史观。然而，只要我们对

---

[1] 司马光：《温公易说》卷一，上海古籍出版社1989年版。
[2] 司马光：《资治通鉴》卷二二〇，唐纪三十六，中华书局1956年版。
[3] 司马光：《司马文正公传家集》卷三十三，《言阶级札子》，商务印书馆1937年版。

第六章　司马光历史盛衰论的易学思维特征

他的这一历史盛衰决定论稍加审视，便不难发现其间确实蕴含着不少积极的因素。首先，司马光在肯定人君对历史治乱兴衰起决定性作用的同时，也赋予了人君对历史治乱兴衰所应承担的职责。他强调人君必须努力修心，以成就仁、明、武三德；而三德之发外为用，则表现为用人、赏功、罚罪，这是致治之道；三政的中心在用人，这是"人君之道一"。此外，司马光还根据才之美恶，将历代人君分成五等。很显然，人君之有"道一""德三""才五"，这是司马光对人君素质的一个总体要求，认为历史的治乱兴衰完全取决于人君道之得失、德之高下和才之美恶，因此，人君必须以此严格要求自己。其次，司马光从易道的高度肯定"阴阳同功，君臣同体""阳而不阴，则万物伤矣；君而不臣，则百职旷矣"。认为只有君臣同心同力，才能共建太平盛世。在《答李大卿孝基书》中，他以阴阳比弓矢，以中和比质的，认为"弓矢不可偏废，而质的不可远离"[1]。这里的阴阳、弓矢亦即指君臣，而中和、质的亦即指极治之世，太平盛世。司马光以易道观人

---

[1] 司马光：《温国文正司马公文集》卷六十一，《答李大卿孝基书》，四部丛刊本。

道，旨在说明要实现太平盛世理想，君臣必须要同心协力，相互为用这一道理。司马光的"君臣同体"论虽然并没有否定人君的绝对权威和决定性作用，但也肯定了人臣在国家治理中起着重要的、不可或缺的作用。联系到有关君道、君德、君才的论述，我们完全有理由相信，司马光的"君臣同体"论其实已蕴含着批判封建君主专制统治的思想。

三、余论

司马光以易道说治道，以易之变易而论社会人事之变化，通过解易的方式系统阐述了其历史盛衰论。然而，作为历史人物，司马光却一直是被当作一个否定历史变革、持历史不变论的保守思想家、政治家和史学家。究其原因，不外乎有二：一则他是被列宁称作"中国十一世纪时的改革家"王安石的反对派；二则他鼓吹道不变论："古之天地有以异于今乎？古之万物有以异于今乎？古之性情有以异于今乎？天地不易也，日月无变也，万物自若也，性情如故也，道何

第六章 司马光历史盛衰论的易学思维特征

为而独变哉!"[1] 对于他与王安石政治观点的分歧与斗争,在此不作论述,而道不变论是否为一种历史不变论? 以下试加以析论。

首先,"道"究竟为何物? 在司马光的道论中,道有天道、人道、易道、治道等等之别,然而其名虽异,其义则同,统言之,无非是指天地万物之理,即天地万物所应遵循的一种自然法则或规律。他论易道说:"夫易者,自然之道也。"[2] 认为易道即是一种自然法则。这种自然法则没有时空界限,从空间而言,它"出于天,施于人,被于物";从时间而言,"推而上之,邃古之前而易已生,抑而下之,亿世之后而易无穷"。它与天地相终始,"易之书或可亡也,若其道则未尝一日而去物之左右也"[3]。因此,易道是亘古亘今永远存在、永不改变的。以易道观照人道,司马光认为这个道的实质内涵便转化为"孝慈仁义忠信礼乐",它以君明、臣忠、父慈、子孝相要求,认为人道也是

---

[1] 司马光:《温国文正司马公文集》卷七十四,《迂书·辨庸》,四部丛刊本。
[2] 司马光:《温公易说·易总论》,上海古籍出版社1989年版。
[3] 司马光:《温公易说·易总论》,上海古籍出版社1989年版。

亘古亘今永远存在、不能改变的,"孝慈仁义忠信礼乐,自生民以来谈之至今矣,安得不庸哉!如余者惧不能庸而已矣,庸何病也"[1]。很显然,司马光所论之人道,是为人处世和政治治理所应遵循的一种准则。其实,《易纬·乾凿度》和郑玄《六艺论·易论》这些易学论著都是视不易为易之本义之一的,并都将天地不易与君臣、父子不易当作不易之易之固有内容。《易纬·乾凿度》说:"易一名而含三义",即变易、不易、简易。所谓不易者,是就"位"而言,"天在上,地在下;君南面,臣北面;父坐,子伏,此其不易也"。《六艺论·易论》也说,"易一名而含三义,易简,一也;变易,二也;不易,三也",认为"天尊地卑,乾坤定矣;卑高以陈,贵贱位矣;动静有常,刚柔断矣,此言其张设布列不易者也"。清代经学家皮锡瑞在肯定易有不易之义的同时,认为群经亦言此义,他说:"易虽有穷变通久之义,亦有不易者。斯义也,非独易言之,群

---

[1] 司马光:《温国文正司马公文集》卷七十四,《迂书·辨庸》,四部丛刊本。

经亦多言之。"[1] 由上可知,司马光道之内涵与《周易》、"群经"及上述各家解易论著所论是相一致的,它体现的是一种文化价值取向。这种道不变,其实只是一种文化价值取向的不变,却无法由此得出历史不变论的逻辑结论。

其次,"圣人守道不守法"。司马光释系下"易穷则变"说:"圣人守道不守法,故能通变。"[2] 他明确将道和法加以区别,认为道是指规律、法则,而法是指具体的文物制度;道亘古亘今不可变,而"法久必弊"[3],必须变革。因此,他主张人君应该守道,而不必守法。不守法当然不是说可以任意变更前朝的制度,而是要持守善法,改革弊法,即要有因有革,"前人所为,是同因之,否则变之,无常道"[4]。善法即是中正之法。司马光认为这种中正之法是最能体现易道的本质,中者不过,体现了易之阴阳之合;正者不邪,体现了易之阴阳之分。他释需卦九五"需于酒食贞吉"

---

[1] 皮锡瑞:《经学通论》一,《论变易不易皆易之大义》,中华书局1959年版。

[2] 司马光:《温公易说》卷六,上海古籍出版社1989年版。

[3] 司马光:《温公易说》卷六,上海古籍出版社1989年版。

[4] 司马光:《法言集注》卷三,四库全书本。

说:"夫中正者,足以尽天下之治也。舍乎中正而能享天之福禄者,寡矣!"[1] 结合中国历史,司马光认为禹、汤、文、武之法就是善法、中正之法;各王朝开国之君所创之法即祖宗之法,也多为善法,因为只有"智勇冠一时"之人,才能成为创业之君,他们创立的法律制度,多能合于时宜。司马光曾向宋神宗进读《通鉴》,读到"曹参不变萧何之法"时,宋神宗问他:"汉常守萧何之法不变,可乎?"司马光回答说:"何独汉也,使三代之君,常守禹、汤、文、武之法,虽至今存,可也。"[2] 在司马光看来,汉初萧何之法作为汉代的祖宗之法,禹、汤、文、武之法作为三代圣王之法,是应该加以持守的。那么,能否由此得出圣王之法、祖宗之法不可变的结论呢? 答案自然是否定的。其一,司马光认为物极必反,"法久必弊",圣王之法、祖宗之法也只能是合乎一时期之法度,它也不可能永世无弊;其二,司马光主张持守圣王、祖宗之法,是就其法的精神实质而言的,而并非认为其每项具体创制都符合后代的需要,都应该坚守。他说"三王不相袭礼,

---

[1] 司马光:《温公易说》卷一,上海古籍出版社1989年版。
[2] 毕沅:《续治通鉴》卷六十七,熙宁二年,中华书局1987年版。

第六章　司马光历史盛衰论的易学思维特征

五帝不相沿乐"[1]，圣王创制的具体法制条规也是可以随时而变的。如禹、汤、文、武各有善法，本身就说明他们也都各有创制，并非完全因袭不变。由此可以得出结论，一切法制的变更与否，应该以是否符合道的精神为转移，与道相符的法应该持守，与道相左的法应该变更。而法是否与道相符，则以其是否便民、利民为尺度。"法久必弊，为民厌倦。"[2]民所厌倦之法即是不合时宜、与道相左的法，必须加以革除。所以司马光说："革政事久之弊，救万姓之疾苦。"[3]变更法制是以拯救百姓疾苦为目的的。

---

[1] 司马光：《司马文正公传家集》卷五十七，《乞合两省为一札子》，商务印书馆1937年版。

[2] 司马光：《温公易说》卷六，上海古籍出版社1989年版。

[3] 司马光：《司马文正公传家集》卷三十八，《上听断书》，商务印书馆1937年版。

第七章　朱熹的历史观及其易学思维特征

作为理学集大成者,朱熹对于被汉儒视为儒家"六经"之首的《周易》颇有研究。朱熹的历史观的一个显著特点,就是与其易学见解紧密相连。他对历史的认识和理解,多是通过对《易》理的阐发而加以表述的。

一、"《易》穷则变"的历史变易论

《易纬·乾凿度》说,《易》一名而含三义:简易、变易、不易。朱熹主变易说,认为《易》的本义是讲变易,而其表现形式则是阴阳的变化不息。他说:"《易》

只是一阴一阳"[1]，而"阴阳无一日不变，无一时不变"[2]。为何阴阳能变？朱熹阐释说，《易》之阴阳有形上形下之分，从形而下而言，阴阳只是气。因此，阴阳之变即是气化，是一气的消长变化。朱熹说："阴阳虽只是两个字，然却只是一气之消息，一进一退，一消一长，进处便是阳，退处便是阴；长处便是阳，消处便是阴。只是这一气之消长，做出古今天地间无限事来。"[3]朱熹还进一步认为，《易》之阴阳变易都有个从渐化到顿变的过程，即要经过渐化的积累，最终"《易》穷则变"，实现顿变。他释"变化"一词说："变化二者不同。化是渐化……变是顿断"[4]，"化则渐渐化尽，以至于无。变则骤然而长。"[5]在朱熹看来，《周易》通篇都浸透着这种"《易》穷则变""物极必反"的变易思维。

从这一易学变易观出发，朱熹对中国社会历史全

---

[1] 黎靖德编：《朱子语类》卷六十五，岳麓书社1997年版。
[2] 黎靖德编：《朱子语类》卷七十四，岳麓书社1997年版。
[3] 黎靖德编：《朱子语类》卷七十四，岳麓书社1997年版。
[4] 黎靖德编：《朱子语类》卷七十五，岳麓书社1997年版。
[5] 黎靖德编：《朱子语类》卷七十四，岳麓书社1997年版。

程做了认真考察，从而阐述了自己的历史变易理论。朱熹通过对三代社会的考察，认为伏羲氏"结绳而为网罟，以佃以渔"[1]，是对他以前初民社会的一种变易；神农氏作来耜教导天下，是对伏羲氏时代的一种变易；黄帝、尧、舜时，"'垂衣裳而天下治'，是大变他以前底事了"[2]。而到孔子时代，他有鉴于前代社会制度出现的各种弊端，又进行了变易。显然，先圣时代的历史是在变易中向前发展的。朱熹认为，即使是先圣们观象制器而创下的各种制度，随着社会历史的发展变化，也会出现各种弊端，因此也必须要结合时代的需要而加以变易。有人问："孔子监前代而损益之，及其终也，能无弊否？"朱熹则明确回答说："恶能无弊。"[3]

朱熹还深入考察了秦汉以来中国历史的变易情况，阐明了这种变易的必要性。他说：

> 周末文极盛，故秦兴必降杀了。周恁地柔弱，

---

[1] 《周易·系辞下》，中华书局《十三经注疏》本1980年版。
[2] 黎靖德编：《朱子语类》卷七十六，岳麓书社1997年版。
[3] 黎靖德编：《朱子语类》卷二十四，岳麓书社1997年版。

第七章 朱熹的历史观及其易学思维特征

故秦必变为强戾;周恁地纤悉周致,故秦兴,一向简易无情,直情径行,皆事势之必变。但秦变得过了。秦既恁地暴虐,汉兴,定是宽大。故云:"独沛公素宽大长者。"秦既鉴封建之弊,改为郡县,虽其宗族,一齐削弱。至汉,遂大封同姓,莫不过制。贾谊已虑其害,晁错遂削一番,主父偃遂以谊之说施之武帝诸侯王,只管削弱。自武帝以下,直至魏末,无非划削宗室,至此可谓极矣。晋武起,尽用宗室,皆是因其事势,不得不然。[1]

显然,秦汉以来的社会历史,无不是根据"《易》穷则变"的原则,通过不断地变易旧制而得以延续的。朱熹还结合宋朝社会情况谈论变易,他说:"本朝监五代,藩镇兵也收了,赏罚刑政,一切都收了,"结果导致国家的长期积弱。因此王安石熙宁变法,"亦是当苟且惰弛之余,势有不容己者"[2],充分肯定了熙宁变法的历史必然性。

当然,变易制度必须要以"使民不倦""使民宜之"

---

[1] 黎靖德编:《朱子语类》卷二十四,岳麓书社1997年版。
[2] 黎靖德编:《朱子语类》卷二十四,岳麓书社1997年版。

为原则和标准。朱熹认为，三代先圣们的不断变易，是以利民、宜民为原则的，他们为民众观象制器，创下各种文物制度，这种变易是有助于社会进步和人类开化的。同时认为，秦汉以来各王朝的变易却"不中道"，它没有以利民、宜民为原则。如秦变周是对的因为周制历经八百年，各种弊端已经显露出来，必须进行变易。但是秦人却走极端，"损益得太甚"，暴虐无情，结果导致二世而亡，这是乱变。汉变秦也是对的，只是太"宽厚"，所以出现了"强臣篡夺之祸"。宋变唐、五代，将落镇兵权、赏罚刑政权都收了，结果使"州郡一齐困弱，靖康之祸，寇盗所过，莫不溃散。亦是失斟酌所致"[1]。对于熙宁年间王安石变法，他一方面肯定这是势所必然，"熙宁更法，亦是势当如此"[2]，另一方面又认为变得"不中道"，"介甫（王安石）之心固欲救人，然其术足以杀人，岂可谓非其罪？"[3]又如东汉节义流变为晋宋清谈，朱熹认为这也是后人不会变易的结果，认为晋宋清谈人物对东汉义士"少间那节

---

[1] 黎靖德编：《朱子语类》卷二十四，岳麓书社1997年版。
[2] 黎靖德编：《朱子语类》卷一三〇，岳麓书社1997年版。
[3] 黎靖德编：《朱子语类》卷一三〇，岳麓书社1997年版。

第七章 朱熹的历史观及其易学思维特征

义清苦底意思无人学得，只学得那虚骄之气"[1]。

朱熹通过对中国历史变易过程的回顾，一方面充分肯定了从初民社会到三代时期先圣们变易改制的合理性和进步性，一方面则指出了秦汉以来的历代变易"不中道"，他们的变易改制总是"救得这一弊，少间就这救人之心又生那一弊。如人病寒，下热药，少间又变成燥热；及至病热，下寒药，少间又变得寒"[2]。走上了这样一个怪圈。并认为步入这个怪圈的根本原因，是秦汉以来的社会没有出现像伏羲氏、神农氏、黄帝、尧、舜、禹这样的"刚健大有作为之君""刚明智勇出人意表之君"[3]来主持变易。应该说，朱熹颂扬圣王变易，将"通其变，使民不倦"的希望完全寄托在圣贤身上，这无疑是一种英雄史观、圣贤史观。但是，朱熹强调变易，主张"《易》穷则变"，这种革故鼎新的历史变易观应该肯定。他以"使民不倦"作为变易的宗旨和目的，其间蕴含了丰富的民本思想。他主张让圣贤来主持变易，无非是认为只有这些人，才

---

[1] 黎靖德编：《朱子语类》卷三十四，岳麓书社1997年版。
[2] 黎靖德编：《朱子语类》卷一○八，岳麓书社1997年版。
[3] 黎靖德编：《朱子语类》卷一一二，岳麓书社1997年版。

能真正代表民众的利益。肩负起"通其变，使民不倦"的历史重任。从这一角度来看，我们可以说，朱熹的圣贤史观与其民本思想又是相通的。

二、"一治一乱又一治"的循环变易论

朱熹不仅强调"《易》穷则变"，而且对《易》之阴阳变易的基本规律作了系统探讨。朱熹认为，"阴阳本无始"，[1] 阴阳变易是一个连续不断的过程，它没有开端，也没有终结，只是循环不已。他在解释《周易·系辞上》文"生生之谓《易》"时，说："阴生阳，阳生阴，其变无穷。"[2] 他从形而下阐述阴阳之气的流变规律，认为"气运从来一盛了又一衰，一衰了又一盛，只管恁地循环去"[3]。他曾借用《乾》卦"元亨利贞"四德来阐述谷物生成的循环性，说："谷之生，萌芽是元，苗是亨，穟是利，成实是贞。谷之实又复能生，循环

---

[1] 黎靖德编：《朱子语类》九十四，岳麓书社1997年版。

[2] 朱熹：《周易本义·系辞》，中华书局2009年版。

[3] 黎靖德编：《朱子语类》卷一，岳麓书社1997年版。

第七章 朱熹的历史观及其易学思维特征

无穷。"[1]以此类推,在朱熹看来,宇宙万物都呈现出循环变易的特性。

从这一阴阳循环变易理论出发,朱熹对人类社会的历史进行了诠释。他认为,与这种阴阳循环变易相一致,人类社会的历史也是呈"一治必又一乱,一乱必又一治"[2]的循环不已状态。他说:"一治一乱,气化盛衰,人事得失,反复相寻,理之常也。"[3]朱熹曾对孟子以前三代社会历史的循环变易作过一番描述:帝尧之时,洪水泛滥,龙蛇出没其间,百姓无所定居,这是一乱。大禹奉命治水,消除水患,则是乱后一治;尧舜之后,"暴君代作",到商纣时是又一大乱。周公兼夷狄、驱猛兽,百姓得以安宁,则是乱后之治;周室东迁后,世道衰微,邪说攀行纷起,又是一乱。"孔子作(春秋)以讨乱贼,则致治之法垂于万世,是亦一治也";[4]战国之时,"圣王不作,诸侯放悠,处士横

---

[1] 黎靖德编:《朱子语类》卷六十八,岳麓书社1997年版。

[2] 黎靖德编:《朱子语类》卷一,岳麓书社1997年版。

[3] 朱熹:《孟子集注》卷六,载朱熹《四书章句集注》,中华书局1983年版。

[4] 朱熹:《孟子集注》卷六,载朱熹《四书章句集注》,中华书局1983年版。

议，杨朱、墨翟之言盈天下"[1]。这是一乱。孟子为捍卫孔子之道，"距杨墨，放淫辞"[2]，结果，"杨墨之害，自是灭息，而君臣父子之道，赖以不坠。亦是一治也"[3]。

在这幅关于三代社会循环变易图景中，我们不仅看到了人类社会历史变易的一个基本规律——"一治一乱又一治"，循环无穷；同时应该说，就朱熹所论三代社会的循环过程而言，它又是一种在循环中进步和发展的过程，我们从其循环变易过程中可以清晰地感受到，我们的先民如何从生活"无所定居"而"得以安宁"；我们的历史如何从洪荒蒙昧而迈进了文明的门槛；我们的社会如何从"邪说暴行纷起"而到"君臣父子之道"建立。无疑，就朱熹三代社会循环变易观而论，应该说是体现出了一种历史进步观点。

朱熹认为，阴阳变易不但有小循环，还有大循环。他在解释《周易·系辞下》文"尺蠖之屈，以求信也"时，说："大凡这个，都是一屈一信，一消一息，一往一来，

---

[1] 《孟子·滕文公下》，中华书局诸子集成本1954年版。

[2] 《孟子·滕文公下》，中华书局诸子集成本1954年版。

[3] 朱熹：《孟子集注》卷六，载朱熹《四书章句集注》，中华书局1983年版。

第七章 朱熹的历史观及其易学思维特征

一阖一辟。大底有大底阖辟消息,小底有小底阖辟消息,皆只是这道理。"[1]这就是说,事物对立双方的相互包含、作用和转化,都是既有小循环,又有大循环的。据此,朱熹认为人类社会历史的变易也是既有小循环,又有大循环。就中国历史而言,三代"一治一乱又一治"的循环变易是小循环,而且是一种不断向前发展的循环变易;如果从大循环而言,整个三代又都可以被看作是天理流行的治世时代,而汉唐则是人欲横流的乱世时代。

为进一步说明人类社会整体历史过程变易的大循环特征,朱熹曾借用北宋象数易学派代表人物邵雍所编定的宇宙年谱对此进行诠释。朱熹认为,邵雍提出的宇宙年谱以一元为12会,360运,4320世,129 600岁,1 555 200个月,4 665 600个日,55 987 200个辰,即是体现了"动静无端,阴阳无始"的循环原则。朱熹说,邵雍始终之数,"以小推大,以大推小,个个一般,谓岁、月、日、时皆相配合也"。人类社会的历史变易也就是按照这一元、会、运、世次序"终而复始,所以无

---

[1] 黎靖德编:《朱子语类》卷七十六,岳麓书社1997年版。

穷"的。[1] 12会与12地支相对，当"第一会、第二会时，尚未生人物，想得地也未硬在。第三会谓之开物，人物方生，此时属寅。到得戌时，谓之闭物，乃人物消尽之时也"[2]。从开物到闭物，要经过9会，"到得一元尽时，天地又是一番开辟"[3]。当然，天地"不会坏。只是相将人无道极了，便一齐打合，混沌一番，人物都尽，又重新起"[4]。朱熹认为，在一元12万余年时间里，以昼夜论，是半明半晦；以变易是否"中道"论，"有五六万年好，有五六万年不好，如昼夜相似"[5]。

朱熹据此对中国历史全程进行了评判。他将三代到汉唐的历史视为一元，认为三代就是一元中那好的一截，而汉唐就是一元那不好的一截。认为三代社会从总体上看是王道社会，三代圣王"致诚心以顺天理，而天下自服，王者之道也"[6]。认为正是这种王道政治，造就了三代的太平盛世景象。相反，汉唐统治者推行

---

[1] 黎靖德编：《朱子语类》卷二十四，岳麓书社1997年版。
[2] 黎靖德编：《朱子语类》卷二十四，岳麓书社1997年版。
[3] 黎靖德编：《朱子语类》卷二十四，岳麓书社1997年版。
[4] 黎靖德编：《朱子语类》卷一，岳麓书社1997年版。
[5] 黎靖德编：《朱子语类》卷二十四，岳麓书社1997年版。
[6] 朱熹：《四书或问·孟子或问》卷一，上海古籍出版社2001年版。

第七章　朱熹的历史观及其易学思维特征

霸道政治，他们只靠"智谋功力"，不讲义理。如汉高祖、唐太宗等人做事，"都是自智谋功力中做来，不是自圣贤门户来，不是自自家心地义理中流出"[1]。他们虽然靠其才智获取一些功业，"然无人知明德新民之事"[2]。认为正是这种霸道政治，导致汉唐统治不能长治久安。当然，三代的历史没有五六万年，而汉唐的历史更是仅有千年之久。如何理解这一"数"的误差？我们认为朱熹其实只是借用了邵雍宇宙年谱之"数"来说明历史的盛衰变易，他是循邵雍之"数"以求其中之"理"的。《朱子语类》对此有明确记载，当人问及邵雍数学时，朱熹回答说："且未须理会数，自是有此理。""盖理在数内，数又在理内。康节(邵雍)是他见得一个盛衰消长之理。"[3]值得注意的是，按照朱熹对邵雍宇宙年谱学的理解，历史经过三代的兴盛到汉唐的衰败，已经是走到"一元尽时"，按理"天地又是一番开辟"，接续汉唐而建的宋王朝应该步入一个新的治世时代了。然而，朱熹评述宋代历史，总是

---

[1] 黎靖德编：《朱子语类》卷二十五，岳麓书社1997年版。
[2] 黎靖德编：《朱子语类》卷十三，岳麓书社1997年版。
[3] 黎靖德编：《朱子语类》卷一百，岳麓书社1997年版。

掺入强烈的忧患意识，而没有对它以治世相许。他甚至认为宋代距离治世还很遥远，即使是它的鼎盛时期，也只是苟安而已。"本朝全盛之时，如庆元历、祐间，只是相共扶持这个天下，不敢做事，不敢动。被夷狄侮，也只忍受，不敢与较，亦不敢施设一事，方得天下稍宁。"[1]但是，根据物极必反的道理，汉唐衰极之后，历史必然会出现转机，这是确定不移的，只是到出现治世还需有个过程。反观三代的历史，它也有个不断变易、循环发展的过程。

朱熹借助邵雍提出的宇宙年谱来说明中国社会历史变易的大循环性，显然不能真正揭示出历史变易的自身规律。他描绘一元消尽之时的情景是："人无道极了，便一齐打合，混沌一番，人物都尽"，然后是新的一元开始。如果仅从一元变易全过程来看待，我们认为这无疑是一种倒退的历史变易观。也正是基于这一认识，朱熹将三代到汉唐的历史分成两截来看待，他一方面肯定三代小循环是一种发展的循环变易；另一方面又断然地认为在从三代到汉唐这"一元"历史

---

[1] 黎靖德编：《朱子语类》卷一二七，岳麓书社1997年版。

中，汉唐不如三代，历史呈倒退趋势，这显然不完全符合客观历史变易的实际情况。但是，朱熹的变易观是循环的变易观，如果就一元历史(三代至汉唐)而论，我们可以说他是倒退论者，如果就历史总过程的无限循环性(元元循环)而论，我们又无法得出相同的结论，因为他认为旧的衰败的一元结束，并不是世界末日降临，而是"人物都尽，又重新起""天地又是一番开辟"，是有朝气的新的一元的开始，这是朱熹大循环变易观的积极底蕴之所在。

三、三纲五常"定位不易"论

如前所述，朱熹是主张变易说的，但他又将《易》之阴阳分成形而下与形而上两个世界。当他从形而下去看待阴阳变易时，肯定阴阳之变即是气化，并努力运用这种变易观来诠释人类社会历史的发展过程及其规律。但是，当他从形而上去看待阴阳变易时，却只承认阴阳之理有对待，而不承认阴阳之理本身能变易。他在解释《乾》《坤》二卦时说："《乾》《坤》阴阳，以位相对而言，固只一般。然以分言，《乾》尊《坤》卑，阳尊阴卑，不可并也。以一家言之，父母固皆尊，母终不可以并乎父。兼一家亦只容有一个尊长，不容并，所谓'尊无二上'也。"[1] 这段话一方面从"相对"即对待角度发论，认为阴阳《乾》《坤》相互对恃，缺一不可，就如同家庭中有父必有母一样；一方面又从"分"即定位角度发论，认为阳尊阴卑、《乾》尊《坤》卑是不可改变的，就如同一家只容一个尊长一样。

朱熹在解释《系辞下》"刚柔者，立本者也"一句时，进一步阐明了这种刚柔阴阳的定位与变通的关系。他说："刚柔者，阴阳之质，是移易不得之定体，故谓之本。若刚变为柔，柔变为刚，便是变通之用。"[2] 这就是说，从"质"即刚柔之理而论，刚与柔是定位不变的；如果从"变通"即刚柔之气而论，刚柔是可以互变的。

朱熹运用这种易学观点来阐释人类社会历史，他一方面承认社会历史是处在不断变易当中的，一方面又认为三纲五常是亘古亘今"定位不易"的。朱熹将人类历史的具体内容分成"大体"和"小体"两个方面，

---

[1] 黎靖德编：《朱子语类》卷六十八，岳麓书社1997年版。

[2] 黎靖德编：《朱子语类》卷七十六，岳麓书社1997年版。

大体即指三纲五常,小体则指具体文物制度。他认为历史既有变易,又有不易;既有损益,又有因袭。能够变易、损益的,是具体文物制度;而不易、因袭的,是三纲五常。他说:"所因,谓大体;所损益,谓文为制度,那大体是变不得底。"[1]并且,朱熹认为三纲五常"大体"任何时候都是不能改变的,三代圣王代出时期,"皆因之而不能变"[2],即便"如秦之绝灭先王辛滋,然依旧有君臣,有父子,有夫妇,依旧废这个不得"[3]。只是时代如果遇到圣王出来,纲常就盛;如果遇到无道之君出来,纲常就衰而不振,"安顿得不好"。朱熹明确指出,三纲五常"是天做底,万世不可易",而具体文物制度"是人做底,故随时更变"[4]。

朱熹的纲常定位不易论之另一内容,是认为事物对立面的分位不可改变。如所论三纲五常万世不易,并不是说君臣、父子之位不可以转化流变,而是说臣以忠事君、子以孝事父这种君臣父子之礼是万世千古

---

[1] 黎靖德编:《朱子语类》卷二十四,岳麓书社1997年版。

[2] 朱熹:《论语集注》卷一,载朱熹《四书章句集注》,中华书局1983年版。

[3] 黎靖德编:《朱子语类》卷二十四,岳麓书社1997年版。

[4] 黎靖德编:《朱子语类》卷二十四,岳麓书社1997年版。

定位不变的。如同一年春暖冬寒过后,又会有新的一年春暖冬寒的接续,这是可以变易的,但是,春气必暖,冬气必寒,这种气候的内在的规定性是定位不易的。其实这里还是个形上形下问题。

朱熹还进一步对制度变易目的论作了阐述。从本体而言,朱熹认为"理在事先";从存在形式而言,朱熹肯定"理在事中"。从这一理气观出发,他一方面将历史变易范围局限在文物制度方面,认为纲常亘古亘今定位不易;一方面又认为即便是对文物制度的变易,也必须要以纲常伦理为指归,因为"理在事中",各项具体文物制度本身就包含着纲常伦理。所以他说,对人类社会具体制度的兴利除弊,说到底,"亦是要扶持个三纲、五常而已"[1]。

综上所述,朱熹三纲五常定位不易论,从哲学角度而言,他肯定事物质的稳定性,有其合理性。但他夸大了这种稳定性,将它说成永恒不变的东西,则无疑是一种谬误。从历史角度而言,他肯定具体文物制度的变易,但又认为这种变易要以三纲五常为指归,

---

[1] 黎靖德编:《朱子语类》卷二十四,岳麓书社1997年版。

第七章 朱熹的历史观及其易学思维特征

并且大力宣扬三纲五常的定位不易性,这无疑严重损害了他的"《易》穷则变"的历史变易论,从而最终使他的历史变易论成了残缺不全的半截子历史变易论。

附录 易学与历史思维的民族特性[1]
——读吴怀祺教授《易学与史学》

吴怀祺教授精心研究中国史学思想史已有数十年之久，阶段性的成果主要有《宋代史学思想史》（黄山书社1992年出版）、《中国史学思想史》（安徽人民出版社1996年出版），以及其主编的10卷本《中国史学思想通史》（福建人民出版社自2002年陆续出版），此外尚有相关论文数十篇。这些论著对史学思想史研究的意义、对象进行了阐述，对史学思想史与史学史学科之间的关系作了辨析，对史学思想史学科性质与研究方法作了分析和探讨，对史学思想史的一些重大理论问题提出了自己的看法。毫无疑问，这些理论研究

---

[1] 本文作于2004年，原载于《安徽史学》2004年第6期。

附录　易学与历史思维的民族特性

对于构建史学思想史学科体系作出了重要贡献。

吴怀祺教授关于中国史学思想史研究的一个显著特点,是重视揭示中国历史思维的民族特性;而其中的一个重要切入点,则是注重探讨中国史学与经学、理学、诸子学等之间的关系,换言之,也就是探讨经学、理学、子学对于史学家历史思维的影响。最近,吴怀祺教授又一部力作《易学与史学》,已经作为《易学智慧丛书》之一种,于2004年3月由中国书店正式出版。这是新时期易学研究的重要成果,更是对中国史学思想史研究的新拓展。该著通过对易学与中国史学之关系的深入考察,对历史思维的民族特性作了更深层次的揭示。细读之后,深感启发良多。

一、中国的史学与易学有着不解之缘

系统阐述易学与中国史学的关系,是《易学与史学》一书撰述的主要旨趣。该书认为,"中国史学还在童年时代就和易学结下了不解之缘"[1]。这种"不解之

---

[1] 吴怀祺:《易学与史学》,中国书店2004年版,第2页。

缘"主要表现在两个方面：其一，史家大多通《易》。中国史学发展史上有一个非常重要的现象，那就是从先秦的史官到秦汉以后的历代大史学家，他们大多都是通晓《周易》的。先秦史官职掌复杂，大体说来，一是记录军国大事，解说军国大事发展趋势；二是观察天象，整理历书。这里记录与整理是固定的，而解说则需要依据，"这个依据很重要的来源是《周易》"[1]。因为《周易》本来就是卜筮之书。由此来看，先秦史官通晓《周易》，首先是出于职能的需要。史官们正是依据《周易》的思维方式来思考和解说历史变化，从而使他们的历史思维更加活跃，历史眼光更加深邃，历史思想更加丰富。同时，他们关于历史的易学思维解说，反过来又丰富了《周易》理论的发展，使易学的发展有了历史事实的支撑。秦汉以后，从司马迁到章学诚再到郭沫若，这些史学大家们都是精通易学的。司马迁的家学中有易学传统，"正《易传》"是司马迁的使命之一，易学是司马迁史学的哲理基础，易学的通变思想是司马迁史学思想的核心。"可以说，对司

---

[1] 吴怀祺：《易学与史学》，中国书店2004年版，第17页。

马迁的易学成就不了解，对司马迁的史学也就不可能有深入的认识。"[1] 班固的《汉书》颇受汉易的影响，《汉书·艺文志》关于各类书籍的序录，多以《易》理论其源流；而《汉书·五行志》把董仲舒等人的天人感应说与京房的易学观点糅合在一起，以此解说历史的变动；此外，从《高祖本纪》到各篇《传》，也都能清楚地看到汉易的影响。西汉末年的荀悦，虽然在易学领域建树不大，但他重视以易解史，在史学领域却取得了很大的成就。《汉纪》宣扬天命王权思想，同时强调重人事的思想，其间都反映出易学的痕迹。魏晋南北朝时期，袁宏的史学援玄入史，以易解史，颇具时代特色；而范晔以易论史，着眼点则是强调人事对于得失、存亡的影响，反映了汉易对史学影响的新变化。唐代史评家刘知幾对《汉书》的易学观进行了反思，对《五行志》的虚伪与错谬提出了批评；同时经学家孔颖达《周易正义》对"易"之本意乃"变化之总名，改换之殊称"的揭示，以及对《易》的忧患意识的关注，对此后史学思想的发展产生了重要影响。宋代史学家欧阳修、

---

[1] 吴怀祺：《易学与史学》，中国书店2004年版，第31页。

司马光、朱熹等人，史学成就卓著，易学成就也非凡，他们的易学观是他们的史学观的哲理基础。欧阳修的《易童子问》着重从义理上解易，进而对史学提出看法；司马光的《温公易说》等所体现的易学观，是其史论的逻辑起点；朱熹的《周易本义》等易学论著重视以易解史，肯定《易》理的精义在于人事，因而与史是相通的。明末清初思想家兼史学家黄宗羲，在其早年易学著作《易学象数论》中对象数学的流弊作了批判，晚年则提出将义理与象数会归于一的思想，反映到其学术史撰述思想上，则是肯定学术上的"万殊总为一致"的趋向是一种历史的必然；王夫之易学撰述甚丰，在中国易学史上有特别重要的地位，其易学思想对其史论著作《读通鉴论》《宋论》有着重要的影响。清代史评家章学诚，其史评名著《文史通义》以《易教》上、中、下开篇，说明其史学理论是以其易学观为基础的。近代史家的易史观与古代不同，他们强调以史的眼光来认识《周易》，如顾颉刚解《易》，是将其易学讨论纳入其对古史的疑辨之中；而郭沫若则重视用社会史的眼光来认识《周易》，肯定《周易》是中国古代社会存在的反映，是中国古代社会变革的产物，并且通过剥出《周易》辩证法的合理内核,从而将其从神的启示录还原为"世俗人"的思维术。

其二,三种影响模式。《易学与史学》一书通过对易学与史学之关系的探究,从学术史的角度对易学与史学之关系作了理论总结,认为二者的相互影响,总体上可以概括为"三种模式",即以史证易、以易说史和以易解史。其中以史证易,按照《四库全书总目提要》的说法,此派可以宋代李光、杨万里为代表。该书认为,以史证易,"这是易学范围内的事,是以历史事实解说易理,说明易理的正确,因而它是易学史的易理派"[1]。而以易说史,主要是从文献学的角度来考察《周易》与史学的关系。这一学派治《易》的特点,是"把《周易》当作社会史的影子,或作为史料"。如果说以史,证易的目的只是为了阐明易理,因而不能说明易学与史学的关系的话,那么,以易说史以《周易》等同于反映周代历史的史料,则"同样不能阐明易学与史学的内在关系"[2]。因此,真正能说明易学与史学之相互关联、相互影响的,是以易解史。所谓以易解史,

---

[1] 吴怀祺:《易学与史学》,中国书店2004年版,第4页。
[2] 吴怀祺:《易学与史学》,中国书店2004年版,第5页。

就是"以易学的思维方式认识人类历史,洞察古今兴衰,评论行事得失"。这就是说,易学对于史学的影响,主要不是它本身所具有的史料价值,也不只是将史料作为解易的工具,而是表现在它的思维方式对于史学家认识历史、研究历史,以及对于中国史学发展走向的影响。正因此,吴怀祺教授明确指出,"这本书主要是从这样的角度讨论易学与史学的关系……只有从思维方式的角度认识易学对史学的影响,才能更好地揭示易学变化与史学进展的关联"[1]。

二、易学对历史思维方式的具体影响

既然易学对于史学的影响主要表现在思维方式上,那么,纵观中国史学发展史,史学家们究竟受到易学哪些思维方式的影响呢?该书认为,这种影响主要表现在以下几个方面:一是究天人之际的整体思维。《易》的思维特点之一,是重视将天、地、人联系起来思考,所谓"观于天文""察于地理",便是这种重

---

[1] 吴怀祺:《易学与史学》,中国书店2004年版,第5页。

附录　易学与历史思维的民族特性

视于考察天人之际的整体思维方式的具体表述。对史学的影响则是启发了历代史学家们注重于"究天人之际"，由此成为史学思想发展的一个重要潮流。二是通变思维。"《易》穷则变，变则通，通则久"，这是《周易》关于通变思维的集中表述。《易》的通变思维对于史学的影响，则是启发了历代史学家们注重于见盛观衰和主张社会变革的历史思维。三是创新思维。《易》以"变易"为核心思想，易学强调神无方而易无体，肯定"日新之谓盛德"。它对于史学家的启发，则是历史认识不应局限或固定于一种程式，应该具有创新的思维。四是"天下同归而殊途，一致而百虑"的思维。语出《易大传》。这是对学术发展的一种思维，也是对学术发展规律的一种总结。"易道广大"，易学本身就是一个具有广泛包容性的理论体系。易学这一思维方式，对于史学家的历史思维影响极大。司马迁父子正是通过对诸子学术的总结，而形成了史家"一家之言"。这个"史家"有别于其它诸子百家，却又是在融会各家学说、兼取众家之长的基础上形成的。正如吴怀祺教授所说的，"没有《易大传》的思维方式，司马迁不可能进行学术大总结，也就不可能写出新思想体系的《史记》。"[1] 五是忧患意识。《易》为忧患之学，所谓"君子安而不忘危，存而不忘亡，治而不忘乱""作《易》者其有忧患乎"[2]，便是《易》家忧患意识的一种表述。《周易》的忧患意识是史学家关心历史前途的哲理概括。如身处天崩地解大变动时代的王夫之，就非常重视将易学的这种忧患意识和历史通变、借鉴思想相结合，从而将古代历史思维推向了一个新的高度。

当然，易学对于历史思维的影响并不都是积极的，也有负面的。比如在两汉时期盛行一时并且在中国史学史上有着久远影响的谶纬神学史观和天人感应史观，就与易学思潮有关，这是我们应该加以注意的。同时，易学对于历史思维的影响，在不同的史学发展阶段，其具体表现也是不尽相同的。具体来讲，该书认为主要发生过三次大的冲击："第一次是从先秦到两汉易学的变化，为中国古代史学家思考天人关系、总结历史兴衰提供了思想基础。第二次是魏晋时期，《易》是玄学三个组成部分之一，史学家品评历史人物、总

---

[1] 吴怀祺：《易学与古代历史思维》，《云南民族学院学报》2002年第1期。
[2] 《周易·系辞下》，《十三经注疏》本，中华书局1980年版。

结历史的思维方式都受到易学的影响。第三次是两宋的易学成为理学的要素,也成为史学家论历史兴亡、说历史因革的哲理依据,波澜所及,直到明清。"[1] 以上所述,基本上勾勒出了中国史学与史学思想不同发展阶段易学的主要影响。

---

[1] 吴怀祺:《易学与史学》,中国书店2004年版,第4页。

参考书目

一、古代典籍

[1] 《周易》,北京,《十三经注疏》本,中华书局1980年版。

[2] 《论语》,北京,诸子集成本,中华书局1954年版。

[3] 《孟子》,北京,诸子集成本,中华书局1954年版。

[4] 《左传》,北京,中华书局1981年版。

[5] 司马迁:《史记》,北京,中华书局1959年版。

[6] 班固:《汉书》,北京,中华书局1962年版。

[7] 荀悦:《汉纪》,北京,中华书局2002年版。

[8] 荀悦:《申鉴》,上海,上海古籍出版社1990年版。

[9] 袁宏:《后汉纪》,北京,中华书局2002年版。

[10] 王弼:《周易注》,楼宇烈校释本,北京,中华书局2011年版。

[11] 刘勰:《文心雕龙》,北京,中华书局1962年版。

[12] 孔颖达:《周易正义》,北京,北京大学出版社1999年版。

[13] 刘知幾:《史通》,浦起龙通释本,上海,上海古籍出版社2009年版。

[14] 欧阳修:《新唐书》,北京,中华书局1975年版。

[15] 欧阳修:《新五代史》,北京,中华书局1974年版。

[16] 欧阳修:《欧阳修全集》,北京,中国书店1986年版。

[17] 司马光:《资治通鉴》,北京,中华书局1956年版。

[18] 司马光:《稽古录》,北京,北京师范大学出版社1988年版。

[19] 司马光:《温公易说》,上海,上海古籍出版社1987年版。

[20] 司马光:《法言集注》,四库全书本。

[21] 司马光:《司马文正公传家集》,上海,商务印书馆1937年版。

[22] 司马光:《温国文正司马公文集》,四部丛刊本。

[23] 张载:《张载集》,北京,中华书局1978年版。

[24] 朱熹《四书章句集注》,北京,中华书局1983

年版。
[25] 朱熹:《周易本义》,北京,中华书局2009年版。
[26] 朱熹:《四书或问》,上海,上海古籍出版社2001年版。
[27] 黎靖德编:《朱子语类》,长沙,岳麓书社1997年版。
[28] 黄宗羲:《宋元学案》,北京,中华书局1980年版。
[29] 钱澄之:《田间易学》,吴怀祺校点本,合肥,黄山书社1998年版。
[30] 顾炎武:《顾炎武全集》,上海,上海古籍出版社2011年版。
[31] 王夫之:《读通鉴论》,北京,中华书局1975年版。
[32] 王夫之:《宋论》,北京,中华书局1964年版。
[33] 王夫之:《周易内传》,北京,九州出版社2004年版。
[34] 王夫之:《张子正蒙注》,北京,中华书局1975年版。
[35] 王夫之:《读四书大全说》,北京,中华书局1975年版。
[36] 王夫之:《诗广传》,北京,中华书局1964年版。

[37] 纪昀总纂:《四库全书总目提要》,河北人民出版社2000年版。

[38] 章学诚:《文史通义》,叶瑛校注本,北京,中华书局1994年版。

[39] 龚自珍:《龚自珍全集》上海,上海古籍出版社1999年版。

[40] 皮锡瑞:《经学通论》,北京,中华书局1954年版。

[41] 皮锡瑞:《经学历史》,北京,中华书局1959年版。

二、近现代著作

[42] 鲁迅:《鲁迅杂文精编》,桂林,漓江出版社1998年版。

[43] 蒋伯潜:《十三经概论》,上海,上海古籍出版社1983年版。

[44] 高亨:《周易大传今注》,济南,齐鲁书社1979年版。

[45] 白寿彝:《中国史学史论集》,北京,中华书局1999年版。

[46] 白寿彝:《白寿彝史学论集》,北京,北京师范大学出版社1994年版。

［47］ 黄寿祺、张善文:《周易译注》,上海,上海古籍出版社2007年版。

［48］ 朱伯崑:《易学哲学史》第一卷,北京,华夏出版社1995年版。

［49］ 朱伯崑:《朱伯崑论著》,沈阳,沈阳出版社1998年版。

［50］ 冯天瑜:《中华元典精神》,上海,上海人民出版社1994年版。

［51］ 吕绍纲:《周易阐微》,上海,上海古籍出版社2005年版。

［52］ 吴怀祺:《中国史学思想通论·总论卷》,福州,福建人民出版社2011年版。

［53］ 吴怀祺:《中国史学思想通论·历史思维卷》,福州,福建人民出版社2011年版。

［54］ 吴怀祺:《易学与史学》,北京,中国书店2004年版。

［55］ 郑万耕主编:《易学精华》,北京,北京出版社1996年版。

［56］ 郑万耕、赵建功:《周易与现代文化》,北京,中国广播电视出版社1998年版。

[57] 王铁:《宋代易学》,上海,上海古籍出版社2005年版。

[58] 蔡方鹿:《朱熹经学与中国经学》,北京,人民出版社2004年版。

[59] 张涛:《秦汉易学思想研究》,北京,中华书局2005年版。

[60] 刘玉建:《两汉象数易学研究》,桂林,广西教育出版社1996年版。

[61] 杨庆中:《二十世纪中国易学史》,北京,人民出版社2000年版。

[62] 杨庆中:《周易经传研究》,北京,商务印书馆2005年版。

[63] 王俊义、黄爱平编:《炎黄文化与民族精神》,北京,中国人民大学出版社1993年版。

[64] 中国孔子基金会编:《儒学与二十一世纪》,北京,华夏出版社1996年版。